# MALESHERBES.

# MALESHERBES.

Bonum virum facilè crederes,
magnum libenter....

TACIT. *in Vitâ Agricolæ.*

DE L'IMPRIMERIE DE GUILLEMINET

## A PARIS,

Chez L. DUPRAT-LETELLIER et COMPAGNIE,
rue Saint-André-des-Arcs, nº 46.

1803.

A SON ALTESSE

SÉRÉNISSIME

LE PRINCE HÉRÉDITAIRE

DE LINANGE.

MON PRINCE,

*Ce n'est point au Souverain Hérédi-*
*taire, destiné à gouverner un peuple,*
*c'est à l'allié constant du grand peuple,*
*c'est à l'ami de tous les peuples, qui ont*

des mœurs et des lois, que je dédie cet Ouvrage.

Peut-être aurais-je pu ajouter aux motifs de mon hommage le titre d'ami, que vous m'avez donné, et que vous m'avez invité à vous rendre : car, en général, quand il s'agit d'un Prince, qui, d'ordinaire, a tant d'adulateurs et si peu d'amis, lorsque ce dernier mot s'échappe de son cœur, pour arriver à sa bouche, il faut le supposer élevé par Fénélon, comme les Petits-Fils de Louis XIV, et assurer qu'il sera un jour le bienfaiteur des hommes.

Vous verrez, peut-être avec quelque intérêt, ce faible monument, élevé de mes mains, à la gloire de Malesherbes;

car ce sage appartient, par la renommée de ses vertus, à toutes les nations. Il semble particulièrement de votre famille : vous avez ses mœurs pures, sa touchante modestie, ainsi que son amour raisonné des lumières ; et si ce moderne Phocion n'avait pas eu un gendre digne de lui, si vous-même n'aviez pas à vous enorgueillir de votre père, il aurait pu vous adopter.

Notre beau Gouvernement Consulaire m'a donné à cet égard un grand exemple : il a ordonné qu'on érigerait une statue en marbre à cet homme extraordinaire, injustement immolé par les tyrans de son pays. Cette statue sera pour nous le petit temple qu'*Athènes fit élever en l'honneur de Socrate, après son supplice, et tiendra lieu d'apothéose à Malesherbes.*

*Agréez*, Mon Prince, *l'hommage de mon respect et de mon dévouement.*

DE L'ISLE DE SALES,
Membre de l'Institut National de France.

# VUES PRÉLIMINAIRES.

## RÉVOLUTIONS

### DU MANUSCRIT SUR MALESHERBES.

Les révolutions, depuis douze ans, ont tant pesé sur la France et sur l'Europe, que je tremble d'en prononcer le nom. Heureusement, il ne s'agit point ici de révolutions d'empires qui se divisent, qui se heurtent, qui se renversent, mais seulement de révolutions de manuscrits, qui, abandonnés innocemment à leur destinée, rencontrent sur leur route l'esprit de parti, les mutilant en sens inverse, la bienveillance aveugle travestissant leurs vices en beautés, et l'envie mal-adroite, les portant à la gloire, en

a

croyant les condamner à l'oubli. De telles révolutions ne sont pas dangereuses : au lieu de flots de sang , elles ne font couler que des flots d'encre : on fait la guerre aux opinions , et on laisse en paix les Gouvernemens.

Ces réflexions viennent naturellement, quand on sait quelles vicissitudes a éprouvées la publication de ce manuscrit sur Malesherbes.

Il semble d'abord que, quand un personnage célèbre , qui a bien mérité de la patrie et du genre humain, a cessé d'être, son nom et ses vertus appartiennent à l'histoire.

Il semble que tout homme qui a vécu avec lui, qui a été heureux de sa renommée , qui a respiré , pour ainsi dire, dans l'élément de sa gloire, a droit de jeter quelques fleurs sur sa tombe , sur-tout quand il n'interprète que l'opinion de vingt millions d'hommes.

Ainsi pensa Tacite, quand il publia la vie de cet Agricola, un des héros de la Rome des Césars, qui se rendit odieux à Domitien, soit par sa vertu, soit par ses exploits, et dont la mort précoce, mais naturelle, sauva au tyran le crime de le faire assassiner.

Mais ce qui était tout simple à la fin du premier siècle de l'ère vulgaire, a pu ne pas le paraître vers les dernières années du dix-huitième : seize cents ans amènent bien des variations dans les développemens de l'esprit humain; et il se peut, à tout prendre, qu'une grande vérité du tems de Tacite, à force de passer par la filière des révolutions, ne soit plus qu'une grande erreur du tems de Robers-pierre.

Malesherbes, aussi vertueux que Pho-cion, périt comme ce sage, par le dernier supplice, au printems de 1794; et sa cendre n'était pas encore refroidie, que je jetai sur un papier, mouillé de mes larmes, mes premières idées sur la vie publique et privée de ce grand homme.

Le simulacre du retour à l'ordre, qu'on appelle l'insurrection Thermidorienne, ayant amené une ombre de liberté de penser, je proposai à un libraire de Paris d'imprimer mon ouvrage. Le titre seul le glaça d'effroi; il voyait sans cesse devant lui la tête sanglante de son confrère Froullé roulant sur un échafaud. « Ne « vous y trompez pas, me dit-il, un tyran « a été puni par des hommes qui crai- « gnaient de mourir; mais la tyrannie « vit encore : on ne réparera aucun tort, « on ne vengera aucun crime, et en ce « moment même, où l'ombre de Robers- « pierre est reléguée avec celle de Cati- « lina, il y aurait moins de danger à

« faire son éloge, que celui du défen-
« seur de Louis XVI. »

Le mot de ce libraire était d'un grand
sens. Je cachai dans les poutres entr'ou-
vertes d'un appartement inhabité, mon
manuscrit imparfait, et j'attendis en
silence, que les assassins de Malesherbes
me permissent de rendre une justice tardive à sa mémoire.

Le Gouvernement Français, depuis
l'insurrection Thermidorienne jusqu'au
régime consulaire, changea plusieurs
fois de face : des Constitutions nouvelles
naquirent et disparurent : des factions
en détrônèrent d'autres pour être détrônées à leur tour ; mais le règne des
principes ne revint point : aucun des
hommes en place ne songea à être juste
envers les castes nombreuses des anciennes victimes. Athènes, coupable
d'avoir fait boire la ciguë à Socrate, s'é-

tait hâtée d'expier son crime en lui érigeant une chapelle ; et Paris, après six ans de remords, ne songeait pas encore à élever le plus simple des mausolées à Malesherbes.

Dans l'intervalle, il est vrai, un ami de ce grand homme hasarda une *Notice Historique* sur sa vie ; mais il fut contraint d'y admettre des réticences, que la franchise de l'histoire repousse ; mais il ne s'étendit que sur ses vertus privées : mais il isola, pour ainsi dire, son écrit dans un journal de littérature, moins répandu en France que chez les étrangers. Une vérité, présentée avec tant de ménagement, ne devait pas paraître, à un Gouvernement ombrageux, une monnaie de bon aloi ; et, par la raison qu'eux-mêmes étaient loin d'être purs, ils ne devaient voir et punir par-tout que la contrebande.

Sur ces entrefaites, un libraire d'un de ces cantons de l'Helvétie, que désorganisaient les amis exclusifs de l'égalité, me fit prier, par un de ses correspondans, de lui remettre quelques ouvrages philosophiques, qu'il pût faire imprimer dans sa patrie, qu'il regardait comme celle de la liberté par excellence. Je lui fis passer *Malesherbes*; mais il ne le trouva pas assez vigoureux pour des Républicains, et il me le renvoya.

Un libraire de Londres se trouvait chez moi, à la réception du paquet : curieux de voir un ouvrage qui n'était pas assez vigoureux pour un Démagogue, il s'offrit à être plus juste envers moi, et me demanda mon manuscrit pour vingt-quatre heures. Au bout de ce tems, il revint me trouver, se confondit en éloges du livre, et ajouta cependant qu'il ne pouvait s'en charger , parce qu'il ne lui semblait pas assez vigoureux pour un insulaire des trois royaumes.

Je réfléchis sur ce double refus , et il ne me sembla pas, que ce fût une raison suffisante pour condamner mon ouvrage à un éternel oubli, que de le voir accuser de faiblesse , et par un républicain exagéré du pays de Vaud , et par un enthousiaste des trois royaumes.

Je fus même tenté de croire que j'étais dans la ligne de démarcation tracée pour conduire à la vérité, puisque je ne marchais pas avec les hommes divergens d'opinions, qui l'avaient dépassée. Je soupçonnai que je pourrais bien avoir raison auprès des amis de l'ordre et de la paix , si j'avais tort, soit auprès des hommes qui désorganisent les Républiques , soit auprès de ceux qui ne croient pas aux Républiques.

Enfin, toujours mon Malesherbes dans
le cœur, et sa vie dans l'ombre de mes
porte-feuilles , j'arrive à ce beau Gouvernement Consulaire , qui promet de
marcher entre les deux écueils du despotisme royal et de la démagogie, qui
appelle les lumières dans son organisation, pour les rendre tutélaires, pacifie
l'Europe avec la victoire , et la patrie
avec l'oubli des injures.

La circonstance était favorable pour
fairé, au nom de la générosité française,
réparation à Malesherbes de sept ans
d'oubli; je retirai mon manuscrit de son
asile , je le refondis d'après de nouvelles lumières, que je reçus des hommes
à qui sa mémoire était chère , et sur-
tout d'après le nouvel esprit public, qui
donnait le plus grand essor à mon courage : et, l'ouvrage à-peu-près terminé,
je me félicitai de ce que je n'avais pas

fait l'injure à ma patrie de chercher un père adoptif pour lui sur les bords du lac Léman, ou dans la capitale des trois royaumes.

Mais quoique j'eusse déjà tenté, non sans succès, un voyage avec Bailly, sur une mer féconde en tempêtes, la petite nacelle qui devait porter Malesherbes ne se trouva point à l'abri des naufrages.

Malesherbes avait paru avec distinction dans la haute magistrature, pendant les vingt-cinq ans qu'il avait été Premier Président de la Cour des Aides : il s'était trouvé froissé, au bout de cet intervalle, par le renversement de cette même magistrature. Son nom l'avait ensuite porté au Ministère, où il avait partagé la gloire de Turgot et son honorable disgrace. Ce rôle imposant, joué sur la plus belle scène de l'Europe, devait naturellement influer sur l'autorité du personnage, et les ennemis cachés du bien public en concluaient qu'il y avait du danger à populariser la renommée de Malesherbes.

Je trouvai d'abord d'une nature un peu étrange le délit, qui consistait à populariser la renommée d'un homme d'état, qui, toute sa vie, avait tenté de rendre ses vertus populaires; mais, depuis dix ans, il y avait eu tant d'arbitraire dans les définitions! on avait tant fait servir le mot *vertu* à désigner le crime, et le mot *crime* à caractériser la vertu, que, me défiant de ma logique, je ne voulus pas la faire servir, même à définir Malesherbes.

Dans mon anxiété, je me proposai de demander des lumières sur mon héros, à tout ce qui pouvait m'en procurer. Je ne fus bientôt embarrassé que du choix, car tout le monde prétendait l'avoir

connu; les uns, parce qu'ils l'avaient vu
une fois; les autres, parce qu'il était
l'ami de leurs amis : la vanité s'attache
à l'homme célèbre qu'elle travestit,
comme le lierre au mur qu'il dégrade.
Je m'apperçus bientôt qu'il ne fallait
pas s'adresser à la vanité, quand on
voulait rassembler les titres, que pouvait avoir à la gloire un être tel que
Malesherbes.

Un membre de la Convention avait été
lié avec Malesherbes : c'était un homme
de bien, mais faible, et qui, pour sauver
sa vie, inutile au monde, avait adhéré,
du moins par son silence, à tous les
crimes d'une turbulente minorité. J'allai le trouver, et je lui lus mon manuscrit : il m'écouta long-tems, avec un silence qui semblait approbatif. Quand
j'arrivai au procès de Louis XVI, ses
sourcils se froncèrent : » Voilà, dit-il,

« un trait de nos annales, dont l'his-
« toire ne doit pas de long-tems s'oc-
« cuper : Trône et Convention, vain-
« queurs et vaincus, tout le monde alors
« était coupable. Il faut, croyez-moi,
« couvrir de l'eau du Léthé tout ce qui
« s'est passé à cette époque. D'ailleurs,
« Malesherbes avait lui-même préparé
« par ses écrits cette révolution, dont il
« devint la victime. Il ne fut pas toujours
« un héros pour les hommes qui ont vécu
« avec lui : puisque vous le louez sans
« cesse, il est évident que vous ne le
« connaissez pas. »

Ces sophismes, si commodes pour
l'homme qui tremble, ne me parurent
pas difficiles à combattre : Comment,
me dis-je à moi-même, ( car mon interlocuteur s'était adroitement évadé sans
attendre ma réponse), comment veut-on
dérober à l'histoire des faits tels que le

procès de Louis XVI, quand, pendant
sept ans, le Gouvernement français a
fait jurer la légitimité du jugement à
tous les hommes en place; quand il a
érigé en fête publique l'anniversaire du
supplice du monarque; quand l'Europe
vaincue semble condamnée à faire dé-
river son nouveau droit public de ce
régicide?

Pour Malesherbes *que je ne connais-*
*sais pas*, par la seule raison *que je le*
*louais sans cesse*, je trouvai bien dur
d'être obligé de mentir à ma conscience
pour trouver dans sa vie des taches que
je n'y vis jamais, et de ne pouvoir, à
l'exemple des historiens d'Aristide et
d'Agricola, mettre sur la scène des héros parfaitement purs, sans faire soupçonner mon ignorance ou ma véracité.

Mécontent de m'être adressé à un
membre de la Convention, qui avait

quelque intérêt, pour jouir du présent, à dérober le passé aux regards de l'avenir, j'allai trouver un autre homme de bien, plus tolérant, plus dégagé de tout préjugé, plus en état, par sa philosophie supérieure, d'apprécier les hommes et les choses. Je le mis dans la confidence de mon manuscrit, et le priai de juger, avant le public, l'historien de Malesherbes.

La lecture, à quelques petites critiques littéraires près, se fit avec calme, jusqu'à l'histoire de la fameuse révolution de 1771, qui opéra le renversement instantané de la magistrature française : révolution que Malesherbes tenta de reculer avec son génie, et dont il fut quatre ans la victime. Mon juge (et je l'avais oublié) avait pris parti dans cette espèce de querelle, non avec son cœur, car il était pur, mais avec sa raison qui pouvait s'égarer. Dès ce moment, mon ouvrage cessa de lui sourire : mon imagination lui parut avoir acquis des rides, et l'intervalle d'un quart-d'heure me métamorphosa à ses yeux, comme si j'avais dormi cinquante-trois ans dans la grotte d'Épiménide.

Il y avait dans mon manuscrit une discussion, assez approfondie, sur la grande querelle entre le chancelier Maupeou et les Cours Souveraines : querelle que les magistrats soutinrent avec la logique, et que leur puissant adversaire termina avec des lettres de cachet. Je m'étais étudié à me montrer le plus impartial des hommes. Je plaidais tour à tour la cause des Conseils Supérieurs et celle des Parlemens, et l'on ne pressentait que vers la fin, qu'un bon esprit pouvait, à tout prendre, faire l'honneur à l'opinion nationale du tems, de l'adopter.

Cette modération ne ramena pas mon censeur, qui mettait une sorte de fierté à avoir raison contre son siècle. « Croyez-« moi, me dit-il, l'esprit national n'est « pas encore assez mûr pour juger cette « cause : oubliez votre manuscrit pen-« dant neuf ans, comme le prescrit Ho-« race ; car, si je ne me trompe, vous « ne connaissez ni Maupeou ni Males-« herbes. »

Il y avait déjà plus de six ans que mon manuscrit dormait dans mon porte-feuille : il était dur d'en attendre encore trois, pour avoir le droit d'écrire quel-ques lignes, en l'honneur d'un nou-veau Socrate, dans mon martyrologe.

Je consentais fort à ne pas *connaître* le Chancelier Maupeou, sur la renom-mée duquel je garderai un silence qui n'a rien de pénible pour moi ; mais, pour Malesherbes, d'après ses entretiens qui

b

avaient laissé une profonde trace dans
ma mémoire, d'après ses écrits que je
savais par cœur, d'après les épanchemens de tant d'hommes de bien qui se
trouvaient en tiers entre lui et moi, je
sentais combien l'intérieur de son ame
m'était *connu*. Tout me disait qu'on
pouvait le peindre avec plus de génie,
mais non avec plus de vérité que je ne
l'avais fait. Je tentai de désarmer mon
critique par un premier sacrifice :
comme il n'était pas dans mes principes de contrister un homme pur que
j'aimais, et de le contrister pour des
paragraphes, je retranchai mon opus-
cule sur la Révolution de 1771, ne laissant subsister que ce qui servait de transition nécessaire, pour lier les diverses
époques de la vie de mon héros; mais il
n'y a pas plus de traité entre deux opinions politiques qui se heurtent, qu'en-

tre deux systêmes religieux qui se combattent. Ma transition gâta mon sacrifice, et mon homme de bien me disait encore en m'embrassant : *Il ne connaît ni Maupeou, ni Malesherbes.*

Je portai chez plusieurs autres amis de Malesherbes mon manuscrit, qui, comme l'anneau de Gygès, me servait à tenter de nouvelles épreuves : toujours une phrase gâtait une page, et une page discréditait l'ouvrage entier. En vain le portrait aurait-il été fait par Vandick, par cela seul que le juge n'y avait pas travaillé, il devait à ses yeux manquer de ressemblance.

Peu éclairé par des individus, je m'adressai à des sociétés d'hommes d'élite, et mon expérience ne fut pas plus heureuse. Mon anneau de Gygès me faisait découvrir, dans ces réunions, une pensée ostensible, s'il est permis de parler ainsi, et une arrière-pensée. En général, dans les tems de fermentation politique, les hommes rassemblés ne sont homogènes que par la faiblesse : ils aiment la vérité et la cachent ; ils estiment le courage et l'étouffent. Mon manuscrit, lu dans de pareilles sociétés, dut subir deux jugemens contradictoires, celui de l'arrière-pensée qui m'encourageait, et celui de la pensée ostensible, qui m'invitait à remettre à une autre génération la publication de mon écrit sur Malesherbes.

Toutes ces contrariétés m'étonnèrent, mais ne me lassèrent pas : je n'avais que des intentions droites, je cherchais de bonne foi la lumière : mon cœur trouvait une jouissance à être juste envers la mémoire d'un grand homme, quand la patrie l'avait été si peu envers sa personne, et je tentai, pour sonder l'opinion publique, une dernière expérience.

Je divisai mon manuscrit en diverses parties isolées, que je liai par de nouvelles transitions ; et, déterminé à consulter individuellement d'autres juges, à qui la mémoire de mon héros était chère, je supprimai, suivant les opinions connues de chacun d'eux, tout ce qui, en les contristant, pouvait corrompre leur pensée originelle. L'épreuve réussit : le Conventionnel, qui ne vit rien sur le procès de Louis XVI, me pardonna mes opinions sur le chancelier Maupeou ; l'ennemi des Parlemens, à qui je sauvai l'histoire du renversement de la magistrature, ne trouva pas mauvais que je ne calomniasse point la mémoire de Louis XVI : tout s'aplanit, et le plus grand nombre convint que je *connaissais* Malesherbes.

En réfléchissant depuis, sur toutes ces vicissitudes qu'a éprouvées mon manuscrit, avant de voir la lumière, je suis arrivé à fixer mes idées, sur l'utilité un peu périlleuse des histoires contemporaines.

L'écrivain né avec le meilleur esprit, le plus tolérant pour les opinions qu'il n'a pas, le plus ardent à servir son pays et les hommes, s'il a la courageuse démence de travailler à l'histoire de son tems, ne saurait aspirer à réunir beaucoup de suffrages.

Lorsque mille personnes ont vu un fait et le racontent, il est bien manifeste que les quatre-vingt-dix-neuf centièmes se trompent, les uns parce qu'ils sont mal organisés, ou trompent volontairement, les autres parce qu'ils ont des passions; il est bien manifeste que leurs récits contradictoires ne servent qu'à multiplier les nuages, qu'il fallait dissiper ; il l'est encore plus que le public, à qui on fait savoir tant de choses qui se contredisent, ne sait réellement rien.

Un homme de guerre a pris la peine de rassembler vingt-trois récits différens sur la bataille de Fontenoy : il y a tel fait mémorable de la révolution française, que les factions, qui se sont détrônées les unes les autres, ont interprété de trente façons diverses ; il fallait bien que l'historien des campagnes de Louis XV , qui se permettait de choisir un de ses vingt-trois guides, se fît vingt-deux adversaires : l'homme sans passions, qui se croit appelé à transmettre aux siècles le tableau de la révolution, fera peut-être très-bien de n'adopter aucune des trente manières de voir de nos perturbateurs ; mais il aura certainement trente ennemis intéressés à publier qu'il ne connaît point le secret de la plus terrible des insurrections, parce qu'il n'était pas un des conjurés ; qui travestiront sa franchise en démence , et son courage en audace; qui empêcheraient même qu'un bon livre ne fît son effet, s'il était possible que les mêmes hommes , qui se sont si long-tems joué de nos fortunes et de notre vie , atteignissent aussi la propriété du génie et ses droits à l'immortalité.

Tous ces obstacles sont grands sans doute ; ils peuvent effrayer une âme commune : mais on est sûr de les vaincre, quand on a une ame à soi, et qu'en travaillant pour ses contemporains, on a la noble fierté de n'attendre d'eux aucune reconnaissance.

Les anciens étaient à cet égard bien supérieurs à nous, parce qu'ils avaient véritablement une patrie, et que toutes les petites ambitions individuelles s'abaissaient devant elle. Hérodote pouvait lire son histoire grecque, aux jeux olympiques ; Xénophon écrivait la *Retraite des dix mille*, devant les hommes qui en avaient partagé les périls et la gloire ; Tacite lui-même répandait les *Annales* de la tyrannie de Néron, dans Rome où il régnait , et jusque sous les yeux du monstre couronné qui payait les assassins d'Agrippine, sa mère, et forçait Sénèque, son instituteur, au suicide.

Si jamais une histoire fut utile aux mœurs publiques, c'est l'histoire contemporaine, qui empêche que les fautes d'une génération ne soient perdues pour celle qui doit la suivre ; qui épure les droits des gouvernans et les devoirs des gouvernés ; qui, en réveillant des souvenirs à peine éteint, garantit, autant qu'il est possible, un empire, des invasions du pouvoir arbitraire, et du fléau non moins terrible des insurrections.

Je sais qu'une histoire contemporaine, par les difficultés qu'elle éprouve et les dangers qui entourent son exécution, ne doit pas être confiée indifféremment à toutes les plumes qui veulent la traiter ; mais ici le remède est à côté du mal, et j'en appelle à cet égard à la sagesse de notre Gouvernement.

Il me semble d'abord que l'auteur d'une histoire contemporaine doit se nommer ; car il faut que la loi ait une garantie, sinon du talent de l'écrivain, du moins de sa loyauté, de sa franchise et de son desir très-prononcé d'être utile à ses concitoyens.

Si, par hasard, l'auteur tenait par ses

places à l'ordre de choses qui le protége,
il est évident que la loi aurait une double
garantie : car il n'entra jamais dans
l'idée d'un homme de bon sens, de compromettre volontairement son repos et
ses places, pour offenser le souverain
qui honore son talent, pour entraver la
marche du pouvoir qui le rend heureux,
en descendant au rôle de perturbateur.

Un tel écrivain peut, à force d'art,
rendre une histoire contemporaine, utile
et peut-être nécessaire à son pays, s'il
ne s'écarte pas du petit nombre de rè-
gles que je vais exposer.

Si, parlant sans cesse la langue des
principes, il sacrifie ses opinions à celles
des hommes sages qui jouissent de
l'estime publique, l'intérêt de ce qui
l'entoure à celui de la patrie, et, s'il le
faut, la morale factice de cette patrie
à la morale éternelle du genre humain;

Si, dans la longue galerie de tableaux qu'il expose, il n'appuie que légèrement sur des atrocités sans modèle, et qu'on ne sera jamais tenté de renouveler, tandis qu'il s'étendra avec volupté sur des mouvemens généreux imprimés à l'esprit humain, sur des traits de l'âge d'or échappés à un âge de fer, sur des lois bienfaisantes, destinées à donner aux états chancelans un point d'appui, ainsi qu'à rappeler le sentiment éteint de leur dignité;

Si, ayant à peindre des hommes pervers, ou égarés, qui vivent encore, il se contente de rapporter, d'après les monumens publics, les faits qui les condamnent, avec la simplicité de l'homme de paix, qui ne veut pas trouver de coupable, n'évoquant point contre eux une sentence, que la loi seule doit prononcer, et ne leur montrant en perspective d'autre supplice que celui du remords;

Tels seraient mes principes, si je terminais le tableau de la France, pendant le dix-huitième siècle, que j'ai eu la témérité de commencer; et ces principes ne sont point déplacés à la tête d'une histoire contemporaine de Malesherbes.

Il ne me reste plus, pour achever cette introduction, que de persuader aux hommes estimables, qui ne craignent pas d'être persuadés, que j'ai connu assez le grand homme dont j'esquisse les traits, pour que la franchise de mon pinceau ne soit pas un problême.

S'il est dans les livres, où l'imagination joue quelque rôle, une sorte de convenance littéraire à s'emparer d'un personnage célèbre, à le présenter sur la scène avec ses mœurs connues, ses opinions, et son langage, pour répandre un intérêt dramatique sur ses apologues, il n'en est pas de même de la vie d'un grand homme, notre contemporain, avec lequel les hommes de bien, par sympathie, ont été liés, et que les hommes vulgaires, par amour-propre, veulent avoir connu : tous les regards sont fixés sur lui; il n'est permis à aucun peintre d'altérer, ni en bien, ni en mal, la pureté de ses traits, parce que tout le monde, ayant été en présence du modèle, n'apprécie le tableau que par sa grande vérité. D'après cette considération, je dois au public de l'instruire de tout ce que j'ai fait pour mériter d'être l'historien de Malesherbes.

Je n'ai point été de la société intime de ce sage, n'ayant eu avec lui, soit dans son hôtel de la rue des Martyrs, soit chez sa sœur, madame de Sennozan, que dix à douze entretiens dignes d'oc-

cuper ma mémoire : mais ses amis intimes étaient les miens ; j'ai été accueilli
vingt ans dans les deux maisons du
conseiller d'état de Fourqueux, et du
premier président de Nicolaï, qui lui
étaient si chères ; le respectable octo-
génaire, Abeille, le dépositaire de sa
pensée, m'a honoré plus long-tems encore de la tendresse d'un père ; la plupart
des gens de lettres distingués, qui
cultivaient sa société touchante, sont
aujourd'hui dans l'Institut, dont je suis
membre, ou dans mon cœur : tout est
donc empreint, à mes yeux, des monumens de Malesherbes ; tout respire autour
de moi son ame expansive ; tout semble
réchauffer sa cendre éteinte pour, donner de la vie à ses traits, et un grand caractère à ses ouvrages.

Le public ainsi mis dans ma confidence, voici une partie des matériaux

ostensibles, où j'ai puisé les détails de cet ouvrage.

1° Les actes de la vie publique de Malesherbes, consignés dans les fameuses remontrances de la Cour des Aides, dont il a été, vingt-cinq ans, premier président, et qui ont pour titre : *Mémoires pour servir à l'histoire du droit public de la France, en matière d'impôts, vol. in-4°.*, publié, en 1779, par les soins des savans Auger et le Moyne, sous la surveillance du magistrat Dionis, père du vertueux académicien du Séjour; mais qui ne s'est jamais vendu que clandestinement, comme tous les bons livres écrits à cette époque.

2° L'histoire de son Ministère, éparse dans les annales du tems et dans les actes du gouvernement.

3° Quelques détails piquans sur sa vie publique et privée, qu'on rencontre dans les histoires secrètes des règnes de Louis XV, et de Louis XVI : telles que les *Mémoires de Bachaumont*, la *Correspondance*, *l'Observateur*, etc. ; ouvrages où j'ai puisé très-sobrement, parce que la malignité publique y est souvent l'unique garantie de la vérité des anecdotes.

4° Une *Notice historique de La- moignon - Malesherbes*, par J. B. Dubois, Préfet d'un de nos départemens, et inséré par cet ami d'un grand homme dans le Magasin Encyclopédique ; cette *Notice,* toujours copiée, et souvent défi- gurée dans les brochures postérieures qui ont traité le même sujet, a un droit particulier à l'estime publique ; c'est d'avoir paru dans des tems orageux, où il y avait du courage à dire du bien de Malesherbes.

5° *L'introduction aux observations*

c

*de Malesherbes , sur l'Histoire Natu-
relle de Buffon ,* ouvrage de 78 pages ,
sorti de la plume du vénérable Abeille ,
l'ami de cœur de mon héros, Jurascon-
sulte , consommé dans l'étude de notre
droit public , et qui , ayant perdu par la
révolution toutes ses places , arrivé
avec la tête la plus vigoureuse à quatre-
vingt-quatre ans, n'est encore d'aucune
de nos premières sociétés littéraires, où
il a tant de droit par son ancienne existence politique , sa probité romaine et
ses lumières.

6° Quelques notes manuscrites du
fameux minéralogiste, Sage, où il y a
des anecdotes piquantes sur les voyages
de Malesherbes.

7° Un écrit inédit : intitulé. *A la mémoire de M. de Malesherbes ,* et dédié à
madame de Beauharnais, par un homme
de lettres connu, qui a résidé au cha-

teau du Sage, en 1782, et ne m'a pas donné la liberté de le nommer.

8º Un manuscrit infiniment précieux, renfermant une foule d'anecdotes sur ce magistrat, si justement célèbre, et de considérations sur ses mœurs, et ses ouvrages ; manuscrit que je tiens de la bienveillance du savant Hutault, un des membres les plus distingués de l'ancien barreau, et qui a le plus cultivé ce grand homme.

9º Un manuscrit non moins recommandable que celui que je viens de citer, et dont un ami de quarante ans, de Malesherbes, m'a permis la lecture, mais en m'interdisant l'avantage de le nommer ; il a pour titre : *Essai d'éloge de Chrétien-Guillaume Lamoignon de Malesherbes*, et porte pour épigraphe ces mots de Salluste : *Plus esse quàm videri malebat Cato.* Cet essai, fruit d'une raison profonde , et écrit du style le plus sage , fait voir sous le plus beau jour, le grand homme qui l'honora d'une si longue amitié. J'ai peu profité de cet ouvrage, parce que les faits qui en sont la base m'étaient connus depuis 1794, et que je ne devais pas m'approprier le talent qui le vivifie; mais j'ai vu avec une sorte de jouissance, que, sans nous communiquer nos idées, nous sommes partis des mêmes principes, pour arriver aux mêmes résultats; tous deux nous avons cherché à être vrais; et quoique notre modèle, placé à une distance inégale , ait été peint , tantôt de face et tantôt de profil , il sera toujours Malesherbes.

10° Enfin, les notes manuscrites , les fragmens de correspondance que j'ai obtenus , et sur-tout les détails précieux , que j'ai puisés dans les nombreux entretiens des amis intimes de Malesherbes, détails sans lesquels je n'aurais pu saisir la ressemblance de ce dernier de nos grands hommes, et donner, pour ainsi dire, à l'ame qui le vivifiait, toute sa physionomie.

Telles sont les sources où j'ai puisé ; je doute que Tacite en ait eu davantage pour écrire sa vie d'Agricola, et Plutarque, celle de son Aratus ou de son Agésilas; cependant je serai court, parce que je suis plein de mon sujet, parce que l'histoire, même substantielle, d'un héros qui n'a pas bouleversé le monde, ne doit occuper que quelques feuilles, tandis qu'une imagination stérile, qui s'égarerait loin des faits, produirait plusieurs volumes.

# MALESHERBES.

---

## VIE PUBLIQUE ET PRIVÉE

### DE

## CE GRAND HOMME.

# MALESHERBES.

L'ANTIQUITÉ vit, avec une terreur mêlée d'admiration, Marius assis sur les débris de Carthage. La postérité, quand l'Histoire la mettra en présence de nos tems révolutionnaires, verra, avec les mêmes sentimens, la France debout devant les ruines de Malesherbes.

Malesherbes, avec ses mœurs patriarchales, son oubli des convenances factices de la société, sa timide modestie, qui contrariait le sentiment intérieur de ses forces, peut être considéré, à quelques égards, comme le La Fontaine des hommes d'Etat. Renfermé dans la solitude de la vie privée, il ne semblait communiquer avec les êtres vulgaires qui l'entouraient, que par sa touchante bonhommie : mais transporté au timon d'un gouvernement usé par le laps des siècles, et qui se renversait sur lui-même, son ame magnanime parut percer son enveloppe, et le bon-homme devint un grand-homme.

1

Les Dracon de la Révolution française n'auraient écrit la vie de Malesherbes qu'avec du sang. Un homme de bien, qui, après l'insurrection thermidorienne, eut le courage de jeter quelques fleurs sur sa tombe, l'écrivit avec ses larmes. Pour nous, après un intervalle de dix ans, lorsque les opinions les plus divergentes en politique commencent à coïncider au point central de la morale ; lorsque les haines, comprimées par une infortune égale, ne demandent qu'à s'éteindre ; lorsqu'enfin nous touchons au port, après de si douloureux naufrages, il est tems de rendre à l'Histoire ses couleurs naturelles, ainsi que sa dignité : il est tems d'emprunter, s'il est possible, pour peindre le dernier héros des âges modernes, la plume antique qui nous a rendu si chère la mémoire des Aristide et des Phocion.

Chrétien - Guillaume de Lamoignon de Malesherbes, né dans une famille dont le nom était synonyme d'ordinaire à celui de talent, et toujours à celui de vertu, était fils du Chancelier de France, Lamoignon, et avait pour grand-oncle un Premier Président du

Parlement de Paris, qui fut l'oracle de la magistrature, sous le beau règne de Louis XIV.

Malesherbes naquit le 6 décembre 1721 ; et par un rapport bisarre d'événemens, à la même heure où mourut un scélérat, que l'audace de ses crimes a voué à une odieuse célébrité, à l'heure du supplice de Cartouche. Notre sage aimait à faire ce rapprochement devant ses amis intimes : il était loin de pressentir, dans ce jeu du hasard, aucun présage sinistre ; il était loin de soupçonner qu'un jour, tout ce que la perversité offrait de plus abject, aurait un point de contact avec tout ce que la vertu présentait de plus auguste, la planche sanglante d'un échafaud.

Les vingt-huit premières années de la vie de Malesherbes, ne sont guères dignes d'occuper nos crayons. En mettant à part quelques prodiges, tels qu'Alcibiade, Pascal, et le Prince de la Mirandole, tout cet intervalle de l'existence est perdu pour qui sait l'apprécier. Dans l'enfance, l'homme n'est qu'en germe : ce germe, dans l'adolescence, ne produit que des fleurs ; mais les fruits de la raison, les productions du génie et du goût, sont de l'âge de la virilité.

Malesherbes passa son adolescence à se préparer aux grandes choses, auxquelles il était appelé par son naturel heureux, et à créer, pour-ainsi-dire, sa virilité. Il avait vingt-neuf ans en 1750, quand il devint Premier Président de la Cour des Aides. Sa mémoire était alors meublée de faits, son entendement, d'idées vigoureuses : il était un homme ; et ses premiers discours, comme Magistrat, annoncèrent qu'il pouvait rendre à la France, l'Hôpital et Daguesseau.

La Cour des Aides, que présidait Malesherbes, avait été instituée pour surveiller les vampires de la France, qui, sous prétexte de lever les impôts consentis par les peuples, suçaient, au nom de la loi, le sang du malheureux, s'abreuvaient de ses larmes, et accroissaient leurs fortunes individuelles de tout ce qu'ils pouvaient dérober au trésor public, et arracher avec audace aux fortunes obscures et impuissantes. Cette Cour Souveraine formait une justice intermédiaire entre la nation opprimée et un gouvernement oppresseur ; elle n'avait rien de ce Sénat de Tibère, qui fatiguait le prince de ses adulations serviles. Toujours ferme dans ses principes, quoique toujours circonspecte dans le mode de les présenter, elle portait la lumière au pied du trône, qu'elle n'ébranlait pas, faisait trembler les tyrans subalternes dans le fond des provinces; et ce simulacre de liberté publique empêchait l'Europe de calomnier la magnanimité des Français, qui, dans les tems les plus malheureux, ne veulent pas qu'on pèse devant eux les chaînes de leur servitude.

Malesherbes, à l'époque ou Louis XV affectait le plus de ne vouloir régner que sur des courtisans abjects et des sujets esclaves, déploya, dans ses Remontrances, une vigueur romaine, qui tenait plus d'une République naissante, que de la décrépitude d'une Monarchie.

Les traits de ce genre s'offrent en foule dans le volume précieux des *Mémoires sur l'Histoire du Droit Public de la France, en matière d'impôts*, et on ne peut en lire une page, sans se croire transporté à la tribune d'Athènes, sous Solon, ou dans le cabinet de Démosthène.

Tantôt s'indignant de ce que des ministres,

du caractère de Séjan , veulent ravir aux
peuples leurs recours aux tribunaux , *faible
reste* , dit-il , *de leur ancienne liberté qu'on
ne devait pas leur envier,* il s'exprime ainsi :
*Il est donc des Empires assez malheureux ,
pour qu'il n'y ait aucune communication
établie entre les sujets et le Souverain !*
Tantôt , montrant le danger des lettres-de-
cachet : *Aucun citoyen ,* s'écrie-t-il , *n'est
assuré de ne pas voir sa liberté sacrifiée à
des vengeances personnelles : car personne
n'est assez grand pour être à l'abri de la
haine d'un ministre , ni assez petit pour
n'être pas digne de celle d'un chef de bureau.*
Sa hardiesse , à cette époque , frappa d'autant
plus le trône , qu'on regardait en France
l'usage des lettres-de-cachet comme une éma-
nation de la prérogative royale , comme un
reste du droit patriarchal , de juger et de
punir , qu'avaient les Rois des premières Dy-
nasties.

Quand le Prince de Condé , en 1763 , vint
tenir , au nom de Louis XV , une espèce de
Lit de Justice à la Cour des Aides : *La vérité,*
lui dit Malesherbes , *est donc bien redou-*

*rable*, *puisqu'on fait tant d'efforts pour l'empêcher de parvenir au pied du trône.*

En 1771 , lors du renversement de la magistrature , Malesherbes fut chargé spécialement par sa Compagnie , d'employer toutes les mesures possibles pour faire parvenir cette même vérité, si mal accueillie, au monarque. Le Sage se dévoua comme Curtius ; heureusement il n'eut pas besoin de se jeter dans l'abîme, pour empêcher la France de s'y précipiter.

Il représenta, avec l'éloquence d'un homme de goût, c'est-à-dire , avec cette noble simplicité qui donne tant de poids à l'énergie , que le projet des hommes, qui circonvenaient le roi, de fermer aux Cours Souveraines l'accès du trône , annonçait aussi celui de renverser impunément la constitution de la Monarchie.

Le Chancelier Maupeou , à la tête même de l'édit qui détruisait la magistrature , avait déclaré , pour calmer les alarmes de la nation , que le roi reconnaissait son heureuse impuissance , de changer les institutions qui assuraient l'état, l'honneur et les propriétés de ses sujets : cette ironie cruelle est relevée

avec une force mêlée de décence par Malesherbes. Il ne dissimule pas que les auteurs
d'une pareille subversion, auront à se reprocher tous les désastres qui vont inonder la
France. Il ajoute, que sans chercher à appeler
un avenir sinistre en témoignage, au moment
même où l'on propage en France ce préambule consolateur, l'ordre public est violé
avec audace par des confiscations illégales ;
que le gouvernement ravit à son gré l'état des
magistrats, leurs propriétés, les titres sacrés
des familles dont ils sont les dépositaires ; et
que leur honneur seul survit à tant de naufrages, parce que l'honneur français ne saurait être flétri par les violences du pouvoir
arbitraire.

Le plus bel ouvrage de ce genre qui soit
sorti à mon gré de la plume de Malesherbes,
est un Mémoire plein de sens, d'érudition
et de nerf, sur les impositions, qu'il remit
à Louis XVI en 1775, après le rétablisse-
ment des Cours de Magistrature. Cet écrit,
assez volumineux, est un traité complet sur
cette partie de l'économie sociale, qui devrait
être le manuel de tous les Administrateurs.

Ici tous les abus d'un mode ingénieuse-
ment inique de perception, sont mis au jour;
tous les agents de ce genre de despotisme
sont traduits sur la scène; le roi seul, qui,
à vingt ans, ne pouvait tout voir par ses
yeux, est écarté du tableau. On voit que
l'orateur a placé la vérité toute nue sur les
marches du trône, mais de façon que le
prince qu'elle devait éclairer, n'eût point à
rougir.

Malesherbes, devant la justice duquel
toutes les classes de l'Etat étaient égales,
quand il s'agissait de prononcer sur leur
destinée, a le courage de prendre, contre la
Ferme Générale, contre les Intendans de
province, contre un Ministère même, dont
on achetait avec l'or des infortunés, le coupable suffrage, la cause de ces espèces de
Spartacus, qu'on appelle des contrebandiers:
ce grand-homme savait bien, que personne,
dans la caste obéissante, n'avait droit d'être
juge dans sa propre affaire; que toute insurrection, qui n'est pas l'effet lent et gradué
de la philantropie et des lumières, est un
délit, ou une absurdité politique, et souvent

tous deux à la fois : mais il élevait plus haut
sa philosophie législatrice ; il sentait qu'il
est des crimes qui ne naissent que de l'im-
péritie de l'homme d'Etat, qui les classe dans
son code ; qu'il ne faut jamais rompre l'équi-
libre entre les délits et les peines, et que
quand les impositions sont en rapport avec
la nature des objets imposés, quand la ré-
partition en est parfaitement égale, et sur-
tout quand l'infortune s'y dérobe, plutôt
que la puissance, il n'y a point de contrebande, et par conséquent point de loi de
sang qui la réprime : ce qui, en anéantissant
la race des oppresseurs, anéantit aussi celle
des victimes.

« La Cour des Aides, dit l'éloquent ma-
» gistrat, vient plaider la cause du peuple
» au tribunal de son roi.

» Elle réclame en faveur de ces infor-
» tunés, qu'on appelle des contrebandiers !
» comme si, dans l'origine, on avait pu
» prononcer, pour un simple intérêt de
» finances, la peine de mort !

» La classe des hommes que personne ne

» protége, est celle qui a le plus de droits à
» la protection immédiate du trône : or, il
» est contre l'ordre public, qu'un Intendant
» prononce, quand il est partie : ce n'est
» pas donner des juges au peuple, que de
» lui donner le tribunal d'un seul homme.

» Des impôts aussi désastreux, amènent
» des crimes politiques pour les asseoir :
» tels que les visites domiciliaires, pour la
» recherche des objets de contrebande :
» une guerre à mort, entre deux classes
» d'hommes également méprisables, les con-
» trebandiers et les espions : l'encourage-
» ment des délations les plus odieuses,
» comme les récompenses offertes à la femme
» qui accuse son mari, au fils qui dénonce
» son père. »

L'orateur est entraîné, à ce sujet, à peser
au poids de la philosophie, ces guerres douloureusement brillantes, cette pompe nécessaire, dit-on, à la majesté souveraine, avec
lesquels les hommes d'Etat adulateurs, jus-
tifient les impôts onéreux, qui tuent les
hommes avant de naître, paralysent les
Arts, jusques dans les âges de lumières, et

écrasent le commerce, l'industrie et l'agriculture.

« Les hommes qui gouvernent, dit Males-
» herbes, devraient se pénétrer d'une grande
» vérité : c'est que ce n'est qu'aux dépens
» des peuples, qu'un roi est vainqueur de
» ses ennemis, magnifique dans sa cour, et
» bienfaisant envers ceux qui l'environnent;
» l'expérience des siècles a appris aux
» nations, à ne demander à leurs rois
» que les vertus, qui font le bonheur des
» hommes. »

On trouve dans cette philippique véhé-
mente, contre les vice-rois qui tourmen-
taient la France, au nom de la couronne,
jusqu'à des tableaux du despotisme oriental,
que n'auraient désavoué ni Boullanger ni
Mirabeau.

« Le vice d'un pareil gouvernement, (si
» cependant on peut lui donner ce nom),
» est à la fois dans la constitution et dans
» son influence sur l'esprit national : dans la
» constitution sur-tout, parce que le peuple,
» sur lequel on fait peser ainsi le pouvoir
» absolu de l'orient, n'a ni lois fixes, ni

» tribunaux particuliers qui veillent sur lui,
» ni représentans qui le protègent; un tel
» mode d'administration politique, ne peut
» subsister dans un Empire, où il y a des
» lois, des mœurs et des lumières. »

Quelque hardies que fussent ces remontrances, elles n'avaient rien de cet esprit
insurrecteur, qui dans la suite a bouleversé
la France et l'Europe : le père de la grande
famille y est éclairé, mais non avili : on
émonde les branches parasites de l'arbre politique, mais on ne le renverse pas.

« Nos Rois, dit-il, dans ses *Remontrances*
» *sur les trois édits de* 1759, ont rarement
» employé les voies de la rigueur : ils ont
» préféré une obéissance, d'autant plus flat-
» teuse pour l'autorité souveraine, qu'elle
» paraissait plus volontaire. »

Malesherbes estimait peu Louis XV, qui
avait consumé trente ans de son règne, à
faire oublier le nom de *Bien-aimé*, qu'il
avait conquis dans les champs de Fontenoy;
cependant, ni dans ses écrits, ni dans les
épanchemens de sa vie privée, il ne laissait
échapper de traits directs contre un prince,

que l'Histoire n'avait pas encore acquis le droit de juger : il respectait le chef de vingt-cinq millions d'hommes : son silence était le voile jeté par les enfans de Noé sur la nudité d'un père.

Quant à Louis XVI, il n'a jamais varié sur le jugement qu'il porta, dans l'origine, de ce prince, faible peut-être, mais juste, mais ami des mœurs, mais à tout dire, le plus homme de bien des rois : son éloge se trouvait sans cesse dans sa bouche, comme il était dans son cœur : seulement il voilait cet éloge, quand il parlait au prince à Versailles, dans toute la pompe de sa grandeur, et il le prodigua sans réticence au Temple, quand l'infortuné alla mourir.

Cette raison dans la résistance, cette sagesse dans le courage, est un des attributs distinctifs de Malesherbes : personne n'a su mieux que lui tendre à la ligne de l'amélioration, sans la dépasser, instruire le chef suprême du gouvernement, sans l'aigrir, et réorganiser les Etats, sans les dissoudre.

Mais cette grande considération à part, rien ne modifiait son courage, sur-tout

quand il s'agissait d'opérer le bien public,
vers lequel il semblait graviter, soit par sa
philantropie, soit par le desir d'être toujours
au niveau de ses places ; un favori, un ministre, un prince du sang même, disparais-
sait à ses yeux, en présence de la loi ; et la
verge de Caton à la main, il écartait les abus
et les hommes immoraux qui les protégeaient,
sans voir derrière lui les dangers qui mena-
caient sa tête, et les malédictions dont la
perversité puissante honorait sa vertu.

L'affaire honteusement célèbre du Secrétaire des Etats de Bourgogne, qui éclata en
1761, est à cet égard un monument de l'héroïque énergie de Malesherbes.

Il y avait long-tems que les ministres de
Louis XV voyaient avec effroi les lumières
que les Cours Souveraines de magistrature,
jetaient sur les déprédations des traitans, sur
les blessures profondes que l'exécution des
lois fiscales faisaient à l'agriculture: quelques-
uns d'eux se liguèrent, dans l'ombre, avec
l'agent qu'ils avaient aux Etats de Bourgogne, et celui-ci fit paraître, contre les ennemis augustes de ses protecteurs, un libelle

anonyme, dont la virulence trahissait la haine des hommes puissans qui l'avaient commandé : l'ouvrage fit une grande sensation, moins par sa logique, que par le fiel dont il était assaisonné : il parvint dans la capitale, où les magistrats qu'il calomniait, le firent brûler en place de Grève par la main du bourreau.

Le Secrétaire des Etats, qui ne se croyait pas flétri par un mode de peine qui avait honoré Bayle et l'auteur d'*Emile*, déchira alors le voile de l'anonyme ; et pour braver les dépositaires des lois, ne dissimula plus qu'il était l'auteur de l'écrit prohibé : Malesherbes instruit d'une pareille audace, fit décréter le coupable d'ajournement personnel ; et celui-ci, qu'une main invisible protégeait, avec une chaleur digne d'une meilleure cause, répondit aux huissiers par un ordre du roi, qui lui enjoignait de rester à Versailles.

La Cour des Aides, dans une circonstance aussi difficile, n'abandonna pas à son ennemi le champ de bataille ; elle continua la procédure dans Versailles même, ce qui conduisit

conduisit à faire condamner par contumace
l'auteur du libelle.

Le duc de la Vrillière, et les autres agens
du pouvoir arbitraire, qui circonvenaient
Louis XV, n'eurent pas de peine à empoisonner cet acte de vigueur aux yeux d'un
prince, d'autant plus jaloux de l'indépendance de sa couronne, qu'il la sentait s'é-
chapper de ses mains inhabiles et énervées.
Le monarque, indécis sur l'espèce de vengeance qu'il pouvait exercer, se contenta
d'une bravade sans dignité, telle que l'aurait imaginée un petit prince d'Italie, élevé
par Machiavel : il décora le coupable, flétri
par une sentence judiciaire, du cordon de
l'ordre de S. Michel.

Un cordon n'est pas fait pour rendre
l'honneur au criminel, à qui la loi l'a enlevé. Malesherbes, supérieur à toutes les
convenances factices des Cours, ordonna
de donner une suite à la procédure criminelle : l'accusé fut décrété de prise-de-corps ;
mais au moment où le jugement définitif
allait être prononcé, le monarque intervint

pour la dernière fois, et fit expédier des
lettres d'abolition.

Ici la lutte entre la magistrature et le
trône devait expirer, parce que le roi, en
faisant grace, reconnaissait le délit, et justi-
fiait lui-même ses vengeurs : Malesherbes,
obligé de céder, continua jusqu'au dernier
moment son beau rôle de Romain : il fit en-
tériner, par la Cour des Aides, les lettres d'a-
bolition ; et quand le Secrétaire des Etats,
tête nue et à genoux vint, suivant l'usage,
entendre la lecture du procès-verbal de l'en-
térinement : *Le roi vous a fait grace*, dit le
moderne Caton, *retirez-vous : la peine vous
est remise, mais le crime vous reste.*

Malesherbes, pendant les vingt-cinq ans
qu'il exerça la première présidence de la
Cour des Aides, ne cessa pas un moment de
réunir les titres, qui semblent si incompa-
tibles, de défenseur du trône et d'ami des
peuples : aussi Louis XV lui faisait l'honneur
de le craindre, mais sans l'opprimer. Il fallut même toute l'importunité du Chancelier
Maupeou, et toute l'adresse de la courti-
sane Du Barry, pour l'engager, sur la fin

de son règne, à faire partager à ce grand-homme la disgrace de la magistrature. Le Maréchal de Richelieu, qui s'était chargé de venir, avec une force armée, dissoudre la Cour des Aides, attendit que son chef fut exilé, pour remplir son odieux ministère : quoiqu'habitué, par soixante ans de corruption, à ne plus rougir, il craignoit ses regards : il craignait, comme le Cimbre chargé de tuer Marius, d'être anéanti à la vue du juste, et de sortir pur d'une enceinte où il devait entrer coupable.

Louis XVI mit encore plus de modération que son aïeul, dans son mode de réprimer un courage qu'on tentait de lui faire envisager comme coupable, mais qu'il ne regardait que comme indiscret. Lorsque les fameuses Remontrances de 1775, sur les impositions, parurent à la Cour, ce Prince qui, d'après l'opinion publique, aimait Malesherbes, se contenta de le mander à Versailles. Il lui dit qu'il ne désapprouvait pas le fond de cet ouvrage, qu'il comptait même, dans un temps plus favorable, le faire servir à la revivification de la monarchie ; mais que sa publication prématurée pouvant nuire à la conciliation des esprits, il prenait le parti de retenir les registres de la Cour des Aides, où la minute de cet ouvrage était consignée. Ce beau mouvement fait le plus grand honneur à la sagesse du jeune monarque. Il est vrai que les ennemis de tout bien, dont le frivole Maurepas avait entouré sa personne, le gâtèrent. Les registres précieux ne furent point rendus; et on fut obligé d'imprimer clandestinement ces belles Remontrances, sans lesquelles la postérité ne serait pas à portée d'apprécier et le génie, et la grande ame de Malesherbes.

C'est à cette même époque, en 1775, que Malesherbes se démit de la première présidence de la Cour des Aides. Ce fut un deuil public dans la Compagnie, dont il avait tous les cœurs dans la main; ses membres ne dissimulaient pas le vuide immense que ce grand homme laissait parmi eux : ils disaient que sa présence était un besoin toujours renaissant pour leur sensibilité, parce qu'ils jouissaient en public, de sa gloire, et dans son commerce privé, de sa vertu.

En entrant à la Cour des Aides en 1750 ,
comme son chef suprême , Malesherbes avait
reçu de son père une autre place, plus im-
portante peut-être encore , s'il avait pu , avec
son génie , y déployer la toute - puissance.
Il s'agit de la Direction de la Librairie française ; espèce de ministère , créé dans l'origine
pour paralyser le talent et étouffer la pensée.
Car on se doute bien qu'une Direction , dans
la langue des Richelieu et des La Vrillière ,
ne signifiait qu'une oppression. Les hommes
qui vivent de l'impunité de leurs injustices ,
regardent comme le plus grand délit de
les dévoiler ; ils ressemblent un peu à ces
sauvages mal organisés de l'île des Papous ,
qui troublent l'eau limpide de leurs fon-
taines, parce qu'elle leur montre leur dif-
formité.

Malesherbes , appelé par sa place à circonscrire la liberté littéraire , la seule dont
il est impossible d'abuser , quand un gouvernement est robuste, et qu'il a le sentiment
de sa dignité , préféra, pour le bien de son
pays , d'en étendre les limites ; mais il le fit
avec une sagesse , qui était à-la-fois dans son

caractère et dans sa théorie raisonnée, contre
toute espèce d'insurrection.

Il était trop instruit pour ne pas savoir qu'il
y a trois genres d'ouvrages qui ne doivent
jamais circuler dans un Empire , parce que
leur licence ne saurait produire que des fruits
de mort ; ce sont les livres d'Athéisme , les
écrits contre les mœurs , et les libelles.

Nous avons vu , par le procès du Secrétaire
des Etats de Bourgogne , ce qu'il pensait des
ouvrages dans lesquels on flétrit des hommes
publics , ou simplement des citoyens obscurs,
qui vivent paisiblement sous l'égide de l'honneur et des lois ; délit que le voile de l'anonyme aggrave encore , parce que le brigand,
qui vient lutter à visage découvert et à armes
égales , est bien moins dangereux que le
Parthe , qui , en fuyant, frappe son ennemi
de sa flèche.

Malesherbes , dont l'imagination fut toujours aussi pure que le cœur, n'avait jamais
lu les productions monstrueuses des Pétrone
et des l'Aretin ; il ne pouvait deviner quel
bien pouvait faire , dans l'ordre social , un
livre , qu'un père de famille ne pouvait nom-

mer sans rougir , et il ne prostitua jamais à favoriser la circulation des écrits contre les mœurs , sa vertueuse tolérance.

Les livres dont le Cynisme anti-religieux tendait à détrôner l'Etre - Suprême , ne lui paraissaient pas moins coupables. Sa croyance à ce sujet est connue par le mot mémorable qu'on lui a attribué : *Les hommes pervers tombent dans l'Athéisme , par ce raisonnement échappé à leur conscience avilie : J'existe , donc Dieu n'existe pas.*

Malesherbes , à l'exception de ces trois genres d'ouvrages qu'il enveloppait dans sa juste proscription , ne croyait pas que l'ordre public fût essentiellement blessé par une liberté presque indéfinie donnée à la presse : d'après ces principes , il limitait lui-même le code inquisitorial des Censeurs Royaux : il indiquait aux hommes de lettres , qui avaient sa confiance , les moyens d'éluder des lois ineptes , qu'il n'avait pas créées , et qui devaient lui survivre. C'est à sa tacite bienveillance qu'on doit plusieurs ouvrages du célèbre auteur d'*Emile* , la *Tolérance* de Voltaire , et

le monument colossal , quoique très-hétéro-
gène , de l'*Encyclopédie*.

La liberté de la presse formait tellement
un des articles fondamentaux du *Symbole
Politique* de Malesherbes , qu'il composa à
ce sujet , deux ans avant la Révolution , un
Mémoire, qu'il remit lui-même à Louis XVI :
cet écrit a été anéanti par les Vandales, dominateurs en 1793 : car ces hommes , qui ont
tant prêché la liberté , ne l'ont jamais desirée
que pour eux. Si la presse , à l'époque douloureuse dont je rappelle malgré moi la
mémoire , avait été réellement libre , seulement pendant un mois, la fièvre morale des
Français, comme celle des Abdéritains, aurait
disparu , et nous aurions peut-être encore ,
au milieu de nous, Lavoisier et Malesherbes.

Notre sage eut , pendant près de dix-huit
ans , la direction de la Librairie , ou plutôt la
surveillance de la Littérature française. A la
fin de 1768 , le vertueux Lamoignon, son père,
ayant cessé d'être Chancelier de France , on
lui ôta cette espèce de magistrature , pour la
confier à des hommes à qui il était plus aisé
de calomnier un sage , que de le prendre

pour modèle. Comme il n'avait point desiré de commander aux gens de lettres , il ne crut rien perdre en se confondant avec eux. Aussi , quand l'austère misantrope Jean-Jacques lui écrivit : *En cessant d'être à notre tête par votre place , vous y serez toujours par vos talens* , le héros modeste ne sentit que l'embarras d'être flatté par une plume qui ne flatta jamais.

Malesherbes , en 1768 , voyant les Cours Souveraines sans force , et les lumières sous la sauve-garde des hommes qui avaient tant d'intérêt à les éteindre , prévit une partie des désastres qui menaçaient sa malheureuse patrie , et sur - tout cette espèce de crime de lèze-nation , qui consistait à lui ôter, sans son aveu , ses représentans , en renversant la magistrature.

Cependant il faut être juste envers le Chancelier Maupeou : il faut que l'historien le soit d'autant plus envers sa mémoire , que ses contemporains ne l'ont pas toujours été envers sa personne. Maupeou voyait que depuis trois siècles le gouvernement contrarié par la Cour orgueilleuse des Pairs , et par les

autres Cours de judicature, ne marchait pas ;
il conçut le projet de tirer la couronne de la
tutelle des Parlemens, afin de lui rendre sa
force et sa dignité ; de restreindre, par l'érec-
tion de ses Conseils Supérieurs, la juris-
diction immense de la première des Cours
Souveraines, afin de donner un terme au
fléau des procès, qui atteignait toutes les fortunes individuelles. Ce double service rendu
au trône et aux peuples, n'annonçait ni un
homme d'Etat sans génie, ni une ame profondément perverse, comme l'ont dit tant d'écrivains, qui mettaient moins de courage à se
montrer équitables, que de talent à se venger.

La grande faute que la postérité reprochera
à ce trop fameux chef de la magistrature,
c'est d'avoir tenté sa grande expérience, sur
une monarchie dégradée, que la présence
d'un pouvoir intermédiaire quelconque empêchait de se précipiter vers le despotisme,
et sur-tout de l'avoir exécutée avec des formes arbitraires, que l'opinion publique re-
poussait. On pardonne plus rarement dans
les siècles corrompus le bien fait avec mal-
adresse, que le mal opéré avec énergie.

Quelque jugement que porte la postérité sur cette homme extraordinaire, la France, vers la fin de 1770, ne lui pardonna point d'avoir supprimé avec l'épée, plutôt qu'avec la loi, les Corps intermédiaires entre le peuple et les rois, qui pouvaient faire entendre à des Maires du Palais, une vérité importune, et de réduire des simulacres de magistrats à l'obéissance passive des juges amovibles de l'Orient. Malesherbes, avant que l'orage pût éclater, s'adressa au pilote inhabile qui tourmentait plutôt qu'il ne dirigeait le gouvernail : il osa écrire à Louis XV, que dans une crise pareille, c'était la nation, et non sa Cour qu'il fallait consulter. Ce fut le Chancelier qui fit la réponse, et cette réponse était une lettre de cachet, qui exilait le sage dans sa terre de Malesherbes.

Cet exil dura près de quatre ans : le grand-homme qui le subit ne soupçonna pas le besoin d'être consolé; il se livra gaîment à la culture de son parc, comme si la nature ne l'avait organisé que pour en faire un élève de Le Nôtre, ou de La Quintinie : revêtu d'un habit de drap commun, la tête nue et

des guêtres de paysan autour de ses jambes,
il arrosait ses plantes exotiques., alignait ses
avenues de Mahalebs et de Melèzes : c'était
Caton le Censeur, dans ses champs, ou Cin-
cinnatus dans ses jardins ; et peut - être
que ce rapprochement honore encore moins
les deux héros de Rome , que le modeste
Malesherbes.

Une anecdote , presque incroyable d'après
nos mœurs , et qui peint bien l'ame essentiellement douce et tolérante de ce sage pra-
tique, c'est que pendant le long période de son
exil , il ne lui échappa jamais de proférer un
seul mot de ressentiment contre les hommes
injustes, qui lui avaient fait subir l'honorable
disgrace de son souverain : il semblait que
du moment que leur pouvoir cessait de peser
sur lui , ils ne laissaient plus aucune trace
dans sa mémoire. Cependant c'était le même
homme, qui n'oublia de sa vie ni un service
ni un bienfait : on aurait dit que cette ame ,
essentiellement aimante , disposait à son gré
des tems et des intervalles. Malesherbes,
lors même que ses amis n'étaient plus , les
voyait toujours présens à sa pensée, et ceux

qui étaient assez mal organisés pour le haïr, tout présens qu'ils étaient, ils les reléguait, par la même pensée, dans les métropoles du Péloponèse, et dans l'âge des olympiades.

Enfin le ciel se lassa de voir si long-tems le juste aux prises avec l'adversité : un nouveau règne ramena une aurore de bonheur en France. La magistrature rentra sur ses foyers avec la patrie, l'esprit public et les lois ; et Malesherbes, opprimé long-tems par un ministère pervers, réconcilia les peuples avec ce poste de faveur, en devenant ministre à son tour.

Malesherbes, avant de paraître à la Cour, avait recouvré la première présidence de la Cour des Aides ; il venait même d'acquérir, par ses vigoureuses Remontrances sur les impositions, le droit d'être en personne l'appui des peuples opprimés, auprès du trône. Ce courage, qui fait les hommes d'Etat sous les Trajan, et qui les tue sous les Tibère, eût été un motif de disgrace près de l'esclave couronné d'une Ponpadour ; il le fut d'une faveur éclatante à l'avénement de Louis XVI.

Les mémoires du tems font honneur au

comte de Maurepas, de l'idée d'avoir dirigé le
choix heureux de Malesherbes : mais comme
dans les Cours, le bien même ne se fait que
par intrigue, il en fallut ourdir une pour
donner le ministère à un sage. Maurepas,
vieux et sans caractère, qui se surprenait
quelquefois laissant flotter les rênes de la
toute-puissance, avait consulté l'opinion
publique sur l'homme d'Etat qui pouvait lui
succéder, et celle-ci lui avait désigné Malesherbes. La magistrature était l'élément naturel de la famille des Lamoignon : ce fut
aussi en qualité de Chancelier qu'il se proposa de lui donner, pour-ainsi-dire, sa
survivance : malheureusement Maupeou en
avait le titre, et il se disait inamovible.
Miromesnil était Garde-des-Sceaux, et semblait l'héritier présomptif du chef de la justice : il fallait donc négocier avec l'un et
avec l'autre, pour avoir leur aveu. Maupeou
demanda d'être créé Duc, pour se demettre :
Miromesnil, suivant son usage, tergiversa,
louvoya, temporisa : le premier ministre
voyant le peu de succès de ses voies conci-
liatrices, se décida à préparer les esprits à la

grande élévation de Malesherbes , en lui
donnant le département d'un petit Séjan ,
sans génie, et sans moyen , celui du Duc de
La Vrillière.

Il y avait cinquante-deux ans que La Vrillière avait le département de la Maison du
Roi , et vingt-cinq qu'il était dans le ministère : passif pour tout , excepté pour la
distribution des lettres-de-cachet, ne faisant
ombrage à personne, parce que son ambition
ne s'étendait pas au-delà du présent dont il
jouissait , personne ne le rencontrait sur sa
route : ami de tous les ministres , jusqu'au
moment où il allait leur porter la lettre de
leur renvoi , il vieillissait depuis long-tems,
malgré ses titres et ses cordons , dans l'opprobre et dans la nullité. Quand on vint lui
annoncer sa disgrace , il ne put y ajouter foi.
Les bons ministres savent que leur règne est
d'un moment , mais les mauvais se croient
immortels. La Vrillière , comme l'infortuné
qui se noie , saisit toutes les planches qui
pouvaient retarder son naufrage ; mais le
coup était porté : il fallut bien se résoudre
à mourir avant sa mort, et il céda son département.

Le grand point était de déterminer Malesherbes à accepter un rang à la Cour, où par
son caractère, il se croyait déplacé, et sur-
tout de succéder à un La Vrillière : Maurepas
y échoua. Heureusement la répugnance du
sage s'affaiblit un peu, quand il vit de
près la simplicité touchante des mœurs de
Louis XVI ; quand il se convainquit qu'il ne
serait dépositaire des lettres-de-cachet, que
pour en épurer la source et en modifier les
effets ; quand on lui présenta sur-tout la garantie de la parole royale, qu'il secouerait les
chaînes brillantes de Versailles, au moment
où il voudrait recouvrer sa liberté obscure
et sauvage dans Malesherbes : cependant il
hésitait encore. Turgot, alors Contrôleur
Général, le décida : il avait besoin de son
appui pour donner plus de prépondérance
aux édits philantropiques qu'il voulait faire
passer : Malesherbes céda à l'amitié, au desir
de faire un peu de bien à son pays, et il se
laissa donner, plutôt qu'il n'accepta, le
département de la Maison du Roi.

Il fallait qu'on eût à la Cour une haute
idée de Malesherbes, puisque le jour même

de

de sa nomination , il entra au Conseil :
c'était cependant un usage immémorial , de
laisser les Secrétaires d'Etat vieillir dans leurs
départemens , avant de leur donner le rang
de Ministres : La Vrillière l'avait attendu
vingt-sept ans ; un grand nombre rentrèrent
dans la vie privée , ou moururent sans l'obtenir : mais on ne demanda point un appren-
tissage dans l'art de gouverner les hommes ,
à un sage tel que Malesherbes.

Ce fut un singulier spectacle que l'entrée
de Malesherbes dans une Cour , que la vertu
du souverain pouvait rendre hypocrite , mais
non empêcher d'être immorale. Les Ministres
avaient un costume , impérieusement commandé par l'étiquette : le sage s'y déroba ;
persuadé que le simple vêtement du magistrat
était plus fait pour lui concilier l'estime des
bons esprits , que l'usage absurde de l'épée ,
quand on n'était point homme de guerre , il
parut devant le roi avec l'habit noir , tel qu'il
le portait depuis un demi-siècle : les courtisans sourirent ; mais à la vue de Louis XVI ,
qui ne souriait pas , ils pardonnèrent au
nouveau Ministre d'avoir , avec les mœurs ,

la simplicité d'habillement de Fabricius ou de Phocion.

Malesherbes ne fut point dupe de cette tolérance apparente qu'on avait à Versailles, pour sa vertueuse singularité : il disait à ses amis, qu'un homme qui voulait le bien était, dans quelque Cour que ce fût, une plante étrangère, que tous les insectes s'empressaient à dévorer; mais il le disait du ton de la bon- hommie, sans se croire appelé à faire le bien.

Malesherbes n'était encore considéré par des courtisans frivoles, que comme un de ces animaux rares, que les rois, par ostenta- tion, montrent dans leur ménagerie, que déjà il travaillait, avec une activité qu'on ne lui connaissait pas, à réparer les abus mi- nistériels, et à revivifier une monarchie, qui avait dans son sein des germes de mort, en cicatrisant ses anciennes blessures.

Ses premières idées réformatrices tom- bèrent sur la Maison du Roi. Il n'est point indifférent d'observer que La Vrillière, pen- dant ses cinquante-deux ans de vice-royauté, n'avait corrigé aucun abus dans ce départe- ment : peu lui importaient les déprédations,

dans le domaine des graces, pourvu qu'il
régnât sans surveillant dans celui des lettres-
de-cachet. Le jour où il se vit remplacé par
un sage, il s'avisa de se rappeler ses antiques
devoirs : les chefs de ses bureaux furent con-
voqués, et ils eurent ordre de dresser un
tableau fidèle des dépenses insensées de la
Maison du Roi, depuis que Louis XV était
tombé de la tutelle du Cardinal de Fleury,
dans celle de ses maîtresses. Le mémoire
adressé au roi par le courtisan disgracié, fut
donné, par le prince lui-même, à Malesherbes, qui, après en avoir fait la lecture
devant lui, ne put s'empêcher de dire : *Le
mal est grand, et il appelle un prompt remède : mais comment l'opérer ? je vais avoir
tout le monde contre moi, et j'ai déjà tant
d'ennemis !* Turgot entrait en ce moment
dans le cabinet du monarque : *Eh bien,*
dit-il, dans un beau mouvement d'enthousiasme, *je prendrai sur moi tout l'odieux
de cette réforme, et je vous en abandonne
la gloire.* Ce dialogue fit une grande sensation sur Louis XVI, qui, de ce moment,
forma une sainte ligue, avec deux ministres

hommes de bien, pour rendre un jour la France heureuse de sa toute-puissance et de leur vertu.

Malesherbes et Turgot, pendant le peu de tems qu'ils parurent les Mentors du jeune Télémaque, inculquèrent à ce prince un grand respect pour l'opinion publique, surtout quand elle est présentée par des gens de lettres, interprètes de la morale, et sous ce titre, régulateurs-nés des bons gouvernemens.

Ce furent eux encore, qui redoutant pour le jeune monarque, l'air empoisonné qu'il respirait, eurent le courage de lui dire, qu'il n'avait de vrais amis du trône, que dans la partie de sa Noblesse qui vivait loin de la Cour : ce fut même cette doctrine, jetée de loin avec adresse, qui prépara des choix quelque tems heureux, tels que la nomination de Saint-Germain.

Peut-être les deux Ministres portèrent-ils un peu trop loin leur haine philosophique, contre ce qu'on appelait alors l'intolérance sacerdotale, en inspirant à Louis XVI une répugnance contre le haut clergé, qui prépara à quelques égards, la Saint-Barthélemy des Charles IX de la révolution, contre les ministres de l'Eglise. Il est certain, du moins, que le prince, depuis cette époque, n'appela auprès de lui aucun évêque, et qu'il fallut toute l'importunité de la reine, et toute la mal-adresse des Parlemens, pour l'engager à donner un moment au faible et présomptueux Loménie, la place orageuse du Cardinal de Fleury.

Malesherbes, d'accord sur une foule de questions politiques avec Turgot, différait essentiellement de lui, par rapport à l'influence des Cours Souveraines, sur l'administration des monarchies. Turgot, un peu despote, jusques dans ses idées républicaines, voulant faire le bien, non avec les formes des dépositaires des lois, mais avec la toute-puissance, trouvait très-mauvais qu'il y eût, dans un grand Empire, des Corps, qui légitimassent, par la considération publique, une opposition constante à toutes les opérations tutélaires du gouvernement. Malesherbes, plus sage, plus en garde contre le fléau des innovations, tout en avouant que les Parlemens protégaient quelquefois contre l'invasion heureuse des lumières, des institutions tombées en désué- tude, prétendait que leur opposition était l'unique sauve-garde de la liberté publique ; liberté, qui seule donne de la dignité aux Etats, et que les despotes, tels que Tibère, doivent encore avoir l'air d'encourager par politique, quand à l'exemple des Trajan et des Antonin, ils ne la protègent pas par vertu.

Louis XVI parut un moment préférer les lumières circonspectes, et la douce philan- tropie de Malesherbes, à l'âpre et turbulente probité de Turgot : au reste, il y avait entre ce prince et le ministre de sa maison, un rapport plus prononcé, de tolérance, de vertu, et peut-être de faiblesse : le monarque pliait sous l'ascendant de Turgot, et courait de lui-même au devant de la raison persua- sive de Malesherbes.

Cette espèce de Triumvirat, quoique for- mé d'élémens qui n'étaient pas toujours homogènes, aurait, s'il s'était prolongé jus- qu'en 1789, rattaché à sa base une monarchie,

qui tendait à s'en écarter sans cesse : mais
l'adroit Premier Ministre , qui n'était pas le
ciment de cette confédération, s'occupa avec
activité à la dissoudre ; ses coups , quoique
portés dans l'ombre, atteignirent sans peine
des hommes de bien , qui ne s'en défiaient
pas : tout-à-coup le pupille couronné échappa
à ses tuteurs , et Louis , qui méritait de
mourir l'ami de Turgot et de Malesherbes ,
ne se trouva plus que l'esclave , sans le savoir , du Maire du Palais Maurepas.

Avant cet événement , moins cruel pour
le sage que pour la monarchie , il avait eu
le tems de rendre quelques services au roi ,
qui allait le perdre , et aux peuples , qui devaient avoir tant de sujet de le regretter.

La Bretagne se trouvait dans le département de la Maison du Roi ; et cette province ,
qui avait un esprit public particulier , indépendant de celui qui l'attachait au trône ,
n'avait pas oublié que , dix ans auparavant ,
le duc de La Vrillière , alors simple comte
de Saint-Florentin , avait donné au duc d'Ai-
guillon des lettres-de-cachet, pour le venger
de quelques magistrats du Parlement de

Rennes, qu'il n'avait ni le droit, ni le pouvoir de punir. Malesherbes, qui connaissait
à fond tout ce tissu d'iniquités, s'adressa
directement au roi, pour que la Bretagne en
vît le terme. Louis XVI, par ménagement
pour la mémoire de son aïeul, n'osa se
montrer tout-à-fait juste envers la famille
de La Chalotais, qui avait été victime des
ressentimens ministériels ; mais il dédom-
magea en roi son chef exilé dans Saintes :
une de ses terres fut érigée en marquisat, et
il obtint, suivant les mémoires du tems,
cent mille francs d'indemnités.

Malesherbes ne fut pas moins heureux
dans l'affaire de la nomination du comte
de Saint-Germain : il s'agissait de donner
un successeur dans le Ministère de la guerre,
au Maréchal de Muy, et toutes les listes,
destinées à être mises sous les yeux du roi,
ne présentaient que des noms de courtisans.
Ce n'est pas là, dit-il au Comte de Maurepas, que j'irais chercher un Ministre, car
le talent et la vertu ne se montrent guère
auprès des trônes. Saint - Germain vaut
mieux, à mon gré, que tous ces candidats ;

Saint-Germain qui pourrait commander nos armées, et qui végète dans une chaumière : malheureusement , il n'a point d'amis dans Versailles. — Eh bien , répond le vieux Ministre , il faut lui en servir nous deux. — On ne s'attend guère à trouver un pareil mot dans la bouche d'un être sans caractère , qui ne savait qu'obéir à l'impulsion des événemens , désirait le bien sans le faire , croyait à la fatalité , plutôt qu'à la raison , et gouvernait la France de Charlemagne et de Louis XIV , avec des épigrammes.

Le plus beau trait du Ministère de Males-herbes , regarde la conduite admirable qu'il tint à l'égard des prisons d'Etat et des lettres-de-cachet.

Malesherbes croyait toute espèce de prison d'Etat incompatible avec la nature des gouvernemens libres ; et forcé d'en admettre dans les Etats absolus , où la raison de l'épée fait taire celle des lois , il pensait encore que le despote , par intérêt pour lui-même , de-vait tellement entourer de formes tutélaires cette jurisprudence odieuse , tellement mo-difier l'intensité de la peine et sa durée , que

les peuples ne se crussent point dans le cas
de la défense naturelle, contre des chefs su-
prêmes, qui, établis pour protéger des sujets, ne sauraient que frapper des victimes.

D'après ces principes, à peine arrivé au
Ministère, le sage, sans s'ouvrir ni à Turgot
ni à Maurepas, et ne prenant de conseil que
de son cœur, se fit ouvrir les portes de la
Bastille : là il interrogea les prisonniers
d'Etat, fit sortir ceux qui étaient évidemment innocens, ainsi que ceux qui, par la
longueur de leur captivité, se trouvaient
trop punis, et ordonna que des soins délicats
et des attentions touchantes consolassent les
infortunés que leurs délits bien constatés
l'empêchaient de faire élargir.

On a imprimé, dans un livre de parti, que
quand Malesherbes entra dans cette prison,
il n'y trouva que deux détenus qui n'avaient
pas mérité leur sort ; et on est parti de cette
sobriété d'abus dans le régime royal, pour
en faire résulter tacitement une espèce d'apologie de la Bastille.

Le fait n'est point exact : des mémoires
authentiques attestent que sept prisonniers

furent délivrés ; ils ajoutent que quant à ceux qui n'avaient subi leur sort que par suite de délations obscures et d'intrigues ministérielles , l'indignation de Malesherbes s'exhala à un tel point , qu'il remit lui-même à ces infortunés, qu'il rendait libres, les mémoires sur lesquels les ordres arbitraires avaient été expédiés. Ce mode de justice semblait, contre ses intentions , appeler la vengeance ; mais on ne voit pas , par l'histoire du tems , que quoique provoquée , elle ait jamais été assouvie.

Le motif s'en trouve , peut-être , dans le récit de ce qui se passa , vers cette époque , à la visite du Donjon de Vincennes : Malesherbes , en le parcourant , y trouva la plupart de ceux qui y étaient renfermés depuis quinze ans , les uns en démence , et les autres tombés à un tel degré de frénésie , qu'on ne pouvait , sans danger , briser leurs fers. Il est vrai qu'alors , au défaut de l'individu opprimé , c'était à l'homme d'Etat à poursuivre, au nom de l'ordre social , la vengeance.

Malesherbes termina ses courses tutélaires par le château de Bicêtre , où les Ministres

n'allaient jamais : il fut profondément ému
de l'insouciance publique sur ce foyer de
tous les crimes, de tous les opprobres et de
toutes les infortunes. Son plan était d'employer la masse entière des détenus aux travaux publics ; mais son Ministère fut trop
court, pour que ce beau projet pût être
exécuté. La philantropie d'ordinaire ne fait
que des rêves, et la perversité qui veille,
sait toujours les rendre inutiles.

De cette jurisprudence sur les prisons
d'Etat , résultait nécessairement celle qui
concernait les lettres-de-cachet.

Malesherbes entendait , sous le nom de
lettres-de-cachet , tout ordre arbitraire, dont
l'exécution, volontaire ou forcée , tendait à
dérober un membre du corps social, prévenu
de quelque crime, à ses juges naturels, à le
rendre invisible au ministère public , et à
faire, par l'intensité de la peine ou par sa
durée, que le soupçon du délit fût puni plus
gravement que ne le serait sa conviction prononcée par la loi.

Il était difficile, quand un homme d'État

définissait ainsi une lettre-de-cachet, qu'il prostituât sa plume à en faire signer.

Malesherbes proposa au roi, le jour même qu'il entra au Conseil, d'anéantir les lettres-de-cachet ; et sur l'exposition de quelques cas, infiniment rares, qui pouvaient non les rendre légitimes, mais les faire tolérer, il n'en accepta la surintendance qu'à la condition tacite, qu'elles deviendraient dans ses mains si semblables aux jugemens des tribunaux, que leur inutilité les ferait bientôt bannir de notre législation.

C'était une observation bien singulière à faire, dans ces tems de fluctuation politique, où les mœurs étaient sans cesse en contradiction avec les lois, que Malesherbes, exilé en vertu d'une lettre-de-cachet, fût appelé au département des lettres-de-cachet, et qu'il ne l'acceptât que pour faire une guerre à mort aux lettres-de-cachet.

L'ordre que cet homme de bien établit au sein même du désordre, fait honneur à sa sagacité : il commença par charger l'intendant de Valenciennes, Senac de Meillans, de lui faire un rapport sur l'infiniment petit

nombre de délits qui pouvaient solliciter des
lettres-de-cachet; ensuite il nomma une commission de magistrats probes, versés dans le
Code criminel de l'Europe, et sur-tout sen-
sibles, qui motiveraient leur jugement et
n'infligeraient les peines qu'à l'unanimité. On
voit que, d'après ces modifications, les lettres-
de-cachet ne différaient que par le nom, des
sentences d'un tribunal légitime; seulement
la justice en était plus prompte et plus expéditive, ce qui tendait à prévenir les crimes
d'Etat tramés dans l'ombre, et les déchiremens des insurrections.

Malesherbes n'eut pas le tems de conso-
lider ce grand ouvrage de bienfaisance; le
mal, que d'autres Ministres méditaient, en
ce genre, servit à faire calomnier le bien que
le sage osait préparer : on lui ravit le fruit
de son institution Solonienne, et il ne lui en
est resté que la gloire.

Maurepas se jouait si bien, à cette époque, du philantrope, dont l'ascendant sur
l'esprit du roi commençait à lui faire ombrage, qu'il lui demanda à lui-même une
lettre-de-cachet contre un curé de province,

dont les mœurs pures accusaient facilement
son intendant et son évêque qui l'avaient
dénoncé. Malesherbes n'indisposa point, par
une résistance vigoureuse , le Premier Ministre ; mais il demanda à prendre des infor-
mations par lui-même : Maurepas étoit trop·
adroit pour ne pas sentir la valeur de ce
refus déguisé ; il n'insista pas , et la lettre ne
fut point expédiée.

Les mêmes hommes de la Cour qui s'étaient
arrangés pour ne pardonner à Malesherbes sa
vertu , qu'à cause de sa bonhommie , qui semblait devoir la rendre inactive , trompés dans
leur attente , tournèrent d'un autre côté leurs
batteries. Ils tentèrent de rendre ce grand-
homme inconséquent : on l'accusa au tribunal
de l'histoire d'avoir fait signer à Louis XVI
une lettre-de-cachet, contre le marquis de
Brunoy ; espèce de paladin religieux, qui
voulut aller à pied , à la tête de deux cens
pauvres d'esprit, comme de fortune, exécuter une croisade pacifique à Jérusalem. La
folie du fils de Monmartel fut bien prouvée
dans le tems , mais non l'intolérance de
Malesherbes.

Malesherbes, pendant son trop court Ministère, donnait, tous les vendredis, une audience publique au Louvre, et personne ne s'en doutait, tant il offrait de cette charmante simplicité des tems antiques, dans sa manière de se vêtir, d'accorder des graces, et même de les refuser. Tout le monde, excepté lui, sortait content de son audience; c'est-là qu'il lui arriva plus d'une fois, quand un homme de lettres peu fortuné venait solliciter quelque encouragement pour d'utiles travaux, de lui faire entendre que le roi lui accordait une gratification, tandis qu'il la faisait lui-même aux dépens de sa bourse; mode ingénieux de ménager la délicatesse, et de sauver à l'obligé l'embarras de la reconnaissance.

Je n'oublierai jamais la première audience de ce grand-homme. Il conversait paisiblement dans l'embrâsure d'une fenêtre, au milieu d'un petit nombre de gens de lettres et d'amis de choix, avec qui il oubliait son rôle de Ministre : l'entretien tomba sur une statue à ériger à Louis XVI, qui promettait alors d'être le Titus de son pays : j'observai que tous les lieux publics de la capitale,

étaient

étaient encombrés de monumens de ce genre,
élevés en l'honneur de rois qui ne le va-
laient pas, et je demandai avec timidité,
quelle place il restait pour la nouvelle statue:
*Quelle place*, dit le sage, avec une sorte
d'enthousiasme, *je la connais bien, et vous
ne me trahirez pas; c'est la Bastille.* Le
mot était sublime, mais il n'y eut guère que
Rhulière et moi qui l'entendirent.

Lorsqu'il y avait audience au Louvre, le
vendredi, on était sûr que la veille, Malesherbes donnait à dîner aux hommes d'élite
de sa société intime; il n'y avait guère que
douze convives de fondation, presque tous
hommes de lettres, du nombre desquels
étaient Foncemagne, Abeille, Dacier, Gail-
lard et Barthélemy; c'est-là qu'il respirait un
air pur, après les orages politiques de Versailles : c'est-là que sage-femme, à l'exemple
de Socrate, il tirait des replis les plus secrets
de la pensée de ses amis, une vérité qui pouvait le diriger dans sa philantropie : un mot,
un simple regard, étaient pour lui un trait de
lumière : ce qui, pour un homme d'Etat vulgaire, n'aurait fourni que quelques phrases

4

insignifiantes, devenait quelquefois pour lui
le germe d'un volume.

Cependant Louis XVI, à qui Malesherbes
voulait ériger une statue sur les décombres
de la Bastille renversée, s'éloignait insensi-
blement de lui : Maurepas, qui tenait le
prince enlassé dans ses filets, ne lui permettait pas de s'éclairer avec l'homme qui
semblait avoir épousé sa gloire. Telles étaient,
à cet égard, les alarmes du vieux Ministre,
que jamais le Monarque n'eut la liberté de
s'entretenir avec Malesherbes, sans que celui-ci fût accompagné de prétendus hommes
d'Etat, qui avaient un grand intérêt à rendre
sa vertu inutile.

Le sage ne tarda pas à s'appercevoir qu'il
fallait frapper un grand coup, pour déjouer
l'adroite perfidie de ses ennemis : il se ren-
ferma dans la solitude de son cabinet, et
composa deux Mémoires, écrits avec la
franchise de ceux que Racine avait présentés
à Louis XIV, mais avec un peu plus de courage, sur les maux de la France, et le mode
d'y remédier. Ces Mémoires, supprimés sans
doute par nos Califes révolutionnaires, au

pillage du château des Thuileries, nous pa-
raîtraient aujourd'hui bien précieux, parce
qu'ils renfermaient une espèce d'introduction à l'histoire du renversement de la monarchie : Louis XVI, à qui Malesherbes les
présenta, était alors trop mal entouré pour
les lire avec fruit, à l'époque où ils pouvaient
lui être utiles : il s'en souvint dans sa longue
captivité du Temple, mais il n'était plus
tems : à la journée du 10 août, le trône
avait été frappé de mort.

L'indifférence de Louis XVI avertit Malesherbes qu'il était tems de s'éloigner d'une
Cour où son prince, tout ami de l'ordre qu'il
était, semblait lui défendre d'opérer le bien;
on lui avait annoncé que Turgot, victime de
ses explosions de vertu romaine, était mal
dans l'esprit du Monarque, et qu'il allait le
voir disgracié. A l'instant il se rend à Versailles, et présente l'écrit qui renfermait sa
démission. Louis XVI, à qui il en coûtait
déjà assez de frapper une victime qu'il avait
aimée, ne songeait point à envelopper le
sage dans la proscription de son ami; il refusa même de lire le fatal papier. Malesherbes

insista : alors le Monarque, après avoir déclaré, avec une vérité dont ses larmes étaient
le gage, qu'il n'avait qu'à se louer de ses
services, prit l'écrit, et alla se plaindre de
son abandon jusque dans le cabinet du perfide Maurepas.

Je trouve, dans les Mémoires secrets du
tems, une anecdote sur la démission de
Malesherbes, que je n'ose garantir, mais
qui prouverait bien que Louis XVI, contrarié dans sa Cour par les vices de ce qui
l'entourait, et par sa propre vertu, ne pouvant maîtriser, avec son génie, les événemens
qui commençaient à peser sur sa tête, pressentait déjà, dès 1775, les malheurs qu'il
devait éprouver en 1792. On prétend que
dans le beau combat qui s'éleva entre le
Monarque et son Ministre, l'un pour se dévouer, et l'autre pour refuser le dévouement,
il échappa au premier de dire à Malesherbes :
*Vous êtes plus heureux que moi, vous pou-
vez abdiquer.*

Malesherbes, sans Ministère, sans Première Présidence, et réduit par son austère
vertu à n'être plus qu'un homme privé,

quitta non seulement Versailles, où il n'était
pas dans son élément, mais encore Paris, où
son nom, porté au ciel par l'opinion publique, était déjà une puissance, et se mit à
voyager dans diverses contrées de l'Europe.

Malesherbes, pendant qu'il était à la Cour
des Aides, avait déjà employé plusieurs fois
le court intervalle des vacances de sa compagnie, à parcourir les contrées étrangères, qui
méritaient le plus de fixer ses regards: peut-
être alors ne pût-il jeter sur elles qu'un coup-
d'œil superficiel; du moins j'en juge par un
mot un peu tranchant qu'on lui attribue, dans
un des manuscrits les plus précieux, qui font
la base de mes recherches; il disait ( je ne
fais ici que transcrire mon guide ), *que la*
*Suisse lui offrait par - tout le spectacle*
*d'hommes heureux, mais qu'en Hollande,*
*en Italie et en Allemagne, il n'avait vu*
*que des hommes avides, prêts à vendre ar-*
*gent comptant la république.*

Il est probable que Malesherbes, dans ses
voyages de 1776 et de 1777, se repentit
d'avoir jugé, avec quelque légéreté, vingt ans
auparavant, des peuples qui étaient dignes

d'avoir une patrie ; car il avouait avec franchise à ses amis , qu'il était désespéré de
n'avoir pas parcouru l'Europe , avant son
Ministère , avec les yeux observateurs qu'il
porta depuis dans ses voyages littéraires :
il pensait que l'expérience est un guide plus
sûr que les tâtonnemens d'une raison solitaire , quand il s'agit de l'art de gouverner.
L'homme , qui n'a de commerce qu'avec les
livres , ne lui semblait propre qu'à vivre
avec les intelligences ; tandis qu'en réunissant le double commerce des livres et des
hommes , on se rendait digne à - la - fois ,
d'éclairer les Empires et de les gouverner.

Malesherbes , après sa retraite de la
Cour, écartant toute idée d'influer par la puissance sur la destinée d'hommes faibles ou
faux , sans caractère , ou avec un caractère
pervers , ne se proposa plus que de vivre
avec la nature , dont il avait toujours suivi
les lois , mais dont il n'avait pas eu le tems
d'étudier les grands phénomènes. A cet effet
il parcourut , à la façon de Pythagore , les
provinces de l'Empire français , et les Etats
étrangers qui l'avoisinent , gravissant les

montagnes, le marteau de mineur à la main, descendant dans les cavernes, interrogeant, avec la même affabilité, le directeur poli des ateliers, et le paysan grossier des campagnes. Le soir, de retour dans un château, et plus souvent dans une chaumière, il se recueillait et rédigeait ses notes : le plus grand nombre de celles-ci roulait sur les sciences naturelles, telles que la Botanique et la Minéralogie, et sur les Arts utiles, comme le Commerce et l'Agriculture.

Ces monumens précieux des recherches d'un sage, qui formaient un grand nombre de cartons, ne lui ont pas survécu. Les Comités révolutionnaires les enlevèrent, soit à Paris, soit à Malesherbes, et les anéantirent comme des brevets d'aristocrate. Les insensés ! se flattaient-ils d'anéantir en même tems ses ouvrages de magistrat, ses nombreux amis, dépositaires de sa rénommée, et son nom lié par la gloire aux fastes du premier empire de l'Europe !

Malesherbes voyageait avec simplicité et économie, sous le nom modeste de M. Guillaume ; ce qui lui attira quelques aventures précieuses pour la sensibilité, et dont le goût peut conserver la mémoire.

L'illustre voyageur parcourait les montagnes de l'Helvétie, franchissant les anfractuosités des glaciers, herborisant, et allant à la découverte des minéraux ; il rencontra un jour le pasteur Weittenbach, qui, ayant les mêmes goûts, se lia bientôt avec lui : l'amitié devient un besoin pour les êtres purs, que le hasard fait trouver ensemble dans ces déserts silencieux des Alpes, qui ne sont d'ordinaire habités que par le tems qui détruit, et par la nature qui répare. Je suis Ministre, dit Weittenbach, et moi ex-Ministre, répond Malesherbes, nous pouvons parler le même langage. L'entretien s'étant prolongé jusqu'au soir, le pasteur de l'Helvétie étonné de trouver des mœurs si douces réunies à tant de connoissances, dans son compagnon de voyage, qu'il prenait pour un ex-Ministre du Saint-Evangile, lui dit, avec effusion de cœur : J'ignore quel motif vous a fait quitter le Ministère des autels, mais vous êtes un excellent homme : une cure de mon canton est sur le point de

vaquer, et je veux en disposer pour vous.
Malesherbes témoigna beaucoup de reconnaissance, mais sans s'ouvrir, et continua
ses recherches en histoire naturelle. Deux
jours après, les deux voyageurs arrivés à la
ville la plus voisine, se rendent chacun de
leur côté, dans une assemblée nombreuse,
où tout le monde se plut à rendre hommage
au grand nom de Malesherbes : celui-ci, dès
qu'il apperçoit Weittenbach, court vers lui,
l'embrasse, et le présente au maître de la
maison, comme l'homme le plus obligeant,
puisque, d'après un simple entretien, il voulait lui procurer le titre et l'honoraire de
Ministre du Saint-Évangile. L'Helvétien ne
parut point déconcerté : M. de Malesherbes,
lui dit-il, il faut des lumières et une austère
probité pour diriger les consciences : l'Europe
vous les donne à un haut degré, et le saint
Ministère que je vous ai offert, aurait été
bien rempli.

Voici une autre rencontre, non moins
dramatique, dont la scène est dans les Pyrénées. Le sage escaladait un des rochers du
Mont-Perdu, quand il apperçut, à quelques

pas de lui un officier de dragons , qui semblait peser dans sa main quelques fragmens
de minéraux. Il s'approche de lui en veste ,
un bâton noueux à la main , traînant, avec
quelque difficulté , des guètres en lambeaux ;
et prenant sans cérémonie une des pierres
des mains de l'officier : Voilà, dit-il, un frag-
ment de Basalte , ce morceau est curieux ,
trouvé ici. L'officier était le chevalier Inégans:
les dragons qui étaient à sa suite témoignè-
rent assez brusquement leur surprise , de la
liberté que prenait le prétendu paysan des
Pyrénées ; et celui-ci, sans s'en appercevoir ,
continua à briser des morceaux de marbre ,
et à causer avec Inégans. La conversation, à
mesure que la belle ame de Malesherbes se
déployait , acquérait plus d'intérêt : elle
tomba bientôt sur la Cour de Louis XVI ; et
voici , en peu de mots , la substance du
dialogue :

Ah ! ne m'en parlez pas , dit l'officier de
dragons ; il n'y avait là qu'un bon Ministre ,
et le monarque , circonvenu par les ennemis
du trône , a eu la mal-adresse de le renvoyer. —

Peut-on savoir son nom ? —

Il est dans tous les cœurs : c'est Malesherbes. —

Que voulez-vous ? il était déplacé à la
Cour ; il n'avait pas pour lui les formes. —

Eh ! qu'importent les formes, quand le
fonds est excellent ? Les peuples ont besoin
du génie et de la vertu ; le reste vient après.—

Monsieur, sans doute, connaît particulièrement ce Ministre ? —

Je ne le connaîs que par sa renommée.—

Mais si cette renommée venait à mentir.—

Mentir ! cela est impossible. . . . Mais
Monsieur le Naturaliste, vous n'aimez pas
Malesherbes ; cela m'étonne, car vous êtes
un bon-homme. —

Monsieur l'Officier, j'ai des motifs pour
ne pas le flatter. —

C'est en ce moment qu'on voit arriver le
domestique du sage, qui appelle par son nom
Monsieur *de Malesherbes,* pour lui annoncer
que la nuit survient, et qu'il est tems de se
rendre à l'auberge. Le chevalier Inégans
s'approche avec respect : *Monsieur*, lui
dit-il, *l'énigme qui m'embarrassait est expli-*

*quée ; vous êtes le seul homme de l'Europe*
*à qui il pouvait être permis de dire du mal*
*de Malesherbes.*

Malesherbes , de retour à Paris , fut rappelé au Conseil par Louis XVI , qui , lors même qu'on lui faisait croire qu'il n'avait pas besoin de ses services , sentait encore intérieurement , qu'il avait besoin de ses lumières.

Le sage était loin d'avoir dégénéré , pendant le cours de ses voyages ; il rapporta à la Cour un entendement plus sain et une ame plus vigoureuse que jamais : malheureusement le Conseil , à cette époque , semblait peu digne de lui : étranger à toutes les petites ambitions individuelles , Malesherbes se trouvait presque toujours seul de son opinion ; et le roi , qui par l'effet de son bon sens naturel était de moitié avec lui , ne le défendait pas.

Le seul événement mémorable , qui caractérise ce retour à l'administration de la chose publique , est la fameuse séance du Conseil d'Etat , où l'on délibéra sur l'exil du Parlement à Troyes. Quand il vit que la majorité

des membres tendait à renouveller cet acte
de despotisme, tant de fois employé par le
trône, et après lequel le trône avait été obligé
tant de fois de revenir sur ses pas, il se contenta de dire ce mot plein de sens : *Il est
aisé, sans doute, d'exiler le Parlement de
Paris, mais comment s'y prendra-t-on après
pour le rappeler ?*

La dernière fois que Malesherbes opina en
Romain au conseil de Louis XVI, fut à l'époque de l'institution de la *Cour Plénière*. Le
cardinal de Loménie, qui avait imaginé cette
superfétation politique, et qui craignait que
le génie du sage n'en éclairât de trop près les
féroces inepties, employa le petit machiavé-
lisme, de ne lui envoyer à Paris l'édit désor-
ganisateur, que la nuit qui précéda sa discussion dans Versailles. Malesherbes veilla
cette nuit toute entière, pour sauver, s'il
était possible, la patrie expirante, et son
travail dans sa tête, parut au Conseil le lendemain.

Le cardinal lut lui-même son rapport, et
l'appuya de toute son éloquence de super-
ficie : Malesherbes le discuta, dans chacune

de ses parties, avec sa logique foudroyante,
et termina son discours par ces mots : « Je
» suis vieux et ne verrai pas, sans doute,
» toutes les suites désastreuses d'une pareille
» innovation ; mais je prie sa majesté de se
» rappeler un jour que j'ai lu dans l'avenir,
» et qu'il n'a pas tenu à moi, que je ne
» tentasse de réunir, pour les héritiers
» de sa couronne, les débris de la monar-
» chie ».

Louis XVI fut ému, se rangea de l'avis
de Malesherbes ; mais le Conseil, gagné par
Loménie, n'en adopta pas moins cette in-
forme Cour Plénière, l'œuf de Léda, d'où
naquit peut-être la Révolution française.

Malesherbes, de ce moment, ne parut plus
dans Versailles, s'enveloppa la tête de son
manteau, comme le sage d'Horace, et voyant
la patrie frappée à mort, ne songea plus lui-
même qu'à mourir.

Cependant, arrivé dans sa terre, son imagination ravivée par le tableau riant d'une nature qu'il avait pour-ainsi-dire créée, cessa de
se rembrunir : ses idées cessèrent d'être sinistres ; et réfléchissant qu'il avait quelque bien à

faire à sa famille, aux nombreux ouvriers
qu'il entretenait, à une commune, dont sa
bienfaisance le rendait l'idole, il fut moins
pressé du desir de mourir.

Malesherbes, où le sage sembla s'exiler
volontairement, quand il vit les approches
de la Révolution française, est un château
d'une architecture gothique, tombant en
ruines de toutes parts, et n'offrant dans la
distribution des appartemens, aucune de ces
recherches, que la magnificence de nos Lu-
cullus demande au goût de leurs architectes.
On proposa plusieurs fois de le rebâtir sur
un nouveau plan, en faisant servir la carrière de pierres de taille, qui lui servait de
matériaux, à sa reconstruction : mais Malesherbes tenait cet édifice de ses pères, et il
voulait le conserver, même dans un état de
dégradation, qui donnait un air religieux à
ses ruines ; il aimait mieux des souvenirs
touchans, que de frivoles jouissances.

C'est d'après ce principe, que le plus bel
ameublement de son sallon, était une galerie de portraits de ses ancêtres : ils s'y trouvaient tous par une filiation non interrom-

pue, depuis près de trois cens ans. Le sage
aimait à reposer ses idées et son cœur sur
ces images d'hommes vénérables, qui avaient
rendu tant de services au trône et à la patrie : il aimait à les apprécier l'un après
l'autre, souvent d'un seul mot, et d'ordinaire par une anecdote. Quand il passait
devant le fameux Lamoignon, l'ami de Boi-
leau, il ne manquait pas d'observer que ce
grand magistrat avait refusé, avec quelque
énergie, d'être de la commission inquisitoriale, établie pour juger le Surintendant
Fouquet; et il ajoutait avec feu, que telle
avait été la grande ame de Louis XIV, que
ce refus même d'obéir, en trahissant ses
principes, lui avait valu la Première Présidence du Parlement : le digne héritier de
Henri IV et de Charlemagne, préférait une
résistance qui agrandit l'ame, à une obéissance passive qui l'humilie.

Cette suite de portraits de l'illustre maison de Lamoignon, engagea plusieurs fois
des amis de notre Phocion, à lui demander
pourquoi il avait préféré à ce nom auguste,
qui rappelait tant de gloire et tant de vertus,
celui

celui du petit fief de Malesherbes. « Vous
» avez raison, dit-il, mais ce nom est un
» fardeau, parce qu'il impose de grands de-
» voirs : je suis plus à mon aise de n'être
» que Malesherbes. Au reste, c'était bien pis,
» quand le fils ne portait aucun des noms de
» son père ; or c'était l'usage avant l'an 1000,
» en France et en Europe : chacun alors
» était obligé de se créer. »

Malesherbes avait une fortune honnête,
mais elle appartenait plus aux infortunés
qu'à lui-même : il y en avait beaucoup dans
sa commune, et il mettait tous ses soins à les
empêcher de s'en appercevoir. Instruit par
son expérience, que de l'argent, semé même
avec profusion, ne vivifiait point les campagnes, il prit le parti de faire travailler,
sans distinction d'âge ni de sexe, tous les
malheureux qui sollicitaient ses bienfaits : la
seule dépense du desséchement de ses ma-
rais, ou des plantations nouvelles qu'il ima-
ginait, lui coûtait par an près de douze mille
francs : elle montait encore plus haut, quand
c'était des arbres exotiques, qu'il rassemblait
à grands frais. Il n'a jamais voulu avouer

5

à quel prix lui revenait sa fameuse avenue de
bois de Sainte-Lucie, la seule sans doute
qui existe en Europe. On lui représentait
quelquefois, que la plupart de ces métamor-
phoses d'étangs en jardins de Botanique, ne
laissaient aucune trace : *Je le sais*, répondit-il ; *mais si mon or se dissipe, le bonheur de ces braves gens reste, et je suis
assez payé.*

C'était un beau spectacle pour le philantrope, que de voir ce vieillard vénérable,
au milieu de ses plantations, s'entretenant,
la tête nue, et une serpette à la main, avec
les ouvriers, qui balbutiaient avec une timidité respectueuse, son éloge ; s'informant de
leurs peines, et pour leur donner plus d'assurance, y joignant le récit des siennes ; sa
popularité était dans son ame, autant que
dans ses principes. Il croyait que l'homme
le moins favorisé du côté de l'entendement,
tenait toujours par quelque point d'originalité, à une nature primordiale : tel est le
fondement de son mot bien connu, *qu'il
n'avait rencontré personne, dans quelque
classe du peuple que ce fût, avec qui il*

*n'eût appris quelque chose qu'il ne savait pas.*

On se doute bien que Malesherbes, avec son ame expansive, trouvait à chaque instant l'occasion d'épancher sa sensibilité sur les habitans de sa terre ; aussi ne se passait-il presque point de jour, que sa bourse, quand il rentrait au château, ne fût épuisée : sa bienfaisance eut à la fin si peu de bornes, que l'agent de ses affaires, qui craignait sa ruine, lui demanda la permission de ne lui donner, tous les matins, qu'un louis, en monnaie blanche, dont celui-ci ne rapportait jamais rien : le sage appelait cet agent, *l'ennemi de ses menus plaisirs.*

Ses paysans, qui connaissaient l'excellence de son naturel, quelquefois se permettaient de lui désobéir. Un jour qu'il sortait de grand matin, pour faire alligner une nouvelle avenue, l'un d'eux veut impérieusement changer l'ordre du travail : Malesherbes insiste et parle avec une sorte de courroux qu'on ne lui connaissait pas ; mais s'appercevant bientôt qu'il sortait de son caractère, il prend doucement le paysan par la main,

lui donne tout l'argent qu'on venait de mettre
dans sa bourse, et lui dit : *Mon ami, voilà
un louis, ne me fais plus mettre en colère,
et obéis-moi.*

Rentré chez lui, Malesherbes donnait tous
ses soins à sa nombreuse famille ; il caressait
les enfans, et donnait à leurs pères des
leçons de la plus haute sagesse : chacun lui
obéissait, sans croire que son assentiment fût
de l'obéissance. On l'écoutait d'autant plus
comme un oracle, que jamais il ne parlait
à la manière impérieuse des oracles.

Il avait six domestiques dans sa terre, et
ne s'en servait presque jamais. *Voyez Jean-
Jacques*, disait-il, *il se sert lui-même, et
en conscience, je ne le vaux pas.*

Ce Jean-Jacques était, avec Plutarque
et Montagne, son écrivain de choix ; il
apprenait par cœur ses sentences ; il montrait
avec complaisance, à ses convives, un carton
plein de ses lettres, et un herbier avec des
notes écrites de la main du philosophe. Il
faut observer que le Citoyen de Genève, qui
se brouillait quelquefois par orgueil avec

les Puissances , ne se brouilla jamais avec Malesherbes.

C'est sans doute dans l'*Emile* que ce dernier avait puisé une partie de la philosophie-pratique dont il s'honorait , philosophie à laquelle se prétaient merveilleusement son tempérament robuste , et l'éternelle sérénité de son ame : les plaisirs de la table , quoiqu'il mangeât beaucoup , n'existaient point pour lui ; il dormait , dans le besoin , sur le gazon ou sur une botte de paille. Aussi simple dans sa manière de se vêtir que le grand Frédéric de la Prusse , il portait un habit de drap commun , et n'en changeait pas.

La bonhommie qui lui était naturelle , et que le commerce des anciens avait fortifiée , se déployait sur - tout au sein de sa famille , quand les regards indiscrets des étrangers ne le forçait pas à la voiler : c'est alors que pour rapprocher la distance d'âge qui le séparait de ses petits fils , il se livrait avec naïveté à leurs jeux. Un ambassadeur d'Espagne , qui l'aurait vu à cheval sur un bâton , se serait rappelé le mot sublime de Henri IV, *Monsieur , êtes-vous père ?* Et un Grec, des tems héroïques, les jeux touchans d'Agésilas.

La naïveté de Malesherbes, qui le rendait si étranger à son siècle, semblait sortir de sa figure, qui n'avait rien de distingué. Il est vrai que le feu de ses yeux et la douceur de sa physionomie, semblaient réparer cet oubli de la nature : ajoutons que sa naïveté même, quand on aiguillonnait sa grande ame par l'idée d'une belle action, s'ennoblit plus d'une fois, en se changeant en énergie.

On s'appercevait de cette nouvelle direction, donnée à sa naïveté, quand au milieu d'un entretien, sa tête s'élevait, et que ses yeux, fixés vers le ciel, semblaient abandonner la terre ; c'est alors que contre son usage, son style devenait figuré : Madame de Fourqueux disait qu'en ce moment Malesherbes devenait un prophète.

Il avait aussi un demi-sourire, bien connu de ses amis, qui lui servait à apprécier les hommes pervers, qui voulaient, malgré lui, descendre dans sa pensée pour la corrompre : ce sourire était sa seule malice ; et comme il n'en fit jamais un mauvais usage, il ne faut pas le lui reprocher.

Il est difficile de s'étendre sur la vie privée d'un grand-homme, sans satisfaire la curiosité publique, sur l'espèce de culte qui le liait avec l'Ordonnateur des Mondes : voici à cet égard, ce que l'on peut conjecturer sur la religion de Malesherbes.

Malesherbes, quoique lié avec Voltaire, Rousseau, Condorcet, et les Patriarches de l'*Encyclopédie*, était en général très-réservé sur les cultes religieux. En qualité de magistrat, il donnait l'exemple de la soumission politique à celui du gouvernement ; il allait les jours de fête, à la messe dans sa terre, et plaçait ses hôtes avec lui dans le banc du seigneur. Son respect n'avait rien d'affecté, parce qu'il voyait par - tout l'Ordonnateur des Mondes, et sur - tout dans les édifices que la loi est convenue de lui consacrer. Cette réserve se prolongeait dans le cours des entretiens, où la liberté s'approchait le plus du cynisme : il laissait à tout le monde ses opinions, mais il avait sa conscience religieuse, et il ne voulait pas que d'autres que lui en fussent les dépositaires.

Un élève de Condorcet, le chevalier de

L. . . . , athée , et se glorifiant de l'être ,
disait un jour devant lui , qu'il donnerait sa
fortune et sa vie , pour voir des êtres aussi
étranges que le Dieu de Socrate , ou celui de
la Théologie. Malesherbes , dont on voulait
épier l'ame , ne parut pas s'appercevoir du
piége ; il prit en silence le chevalier par la
main , et lui proposa de venir visiter un
grand phénomène de la nature , une espèce
de volcan de sable , dans les environs de
Fontainebleau.

L'unique occasion où le sage sortait de
cette espèce d'apathie , c'est lorsqu'on présentait à ses yeux des tableaux d'intolérance
sacerdotale ; alors il tentait de jouer le
rôle de Lucien : on l'a entendu quelquefois se permettre de louer , avec une ironie
délicate , l'archevêque de Paris , Beaumont ,
et le théatin Boyer , évêque de Mirepoix ;
mais cette ironie n'atteignait jamais le Dieu ,
dont ces hommes attrabilaires se disaient les
ministres.

Quoique Malesherbes ait eu des amis de
vingt ans , avec qui il ne s'est jamais entretenu de religion , on peut asseoir quelques

conjectures sur la sienne : tout semble annoncer, ainsi que l'a fait entendre, dans un
écrit public, un homme de bien, qui veille
avec zèle au dépôt sacré de sa mémoire, que
ce sage était de la religion de Leibnitz, de
cette religion antérieure aux cultes donnés
par les législateurs, qui consiste à honorer
l'Ordonnateur des Mondes, de qui on tient
l'être, à servir les hommes, de qui on tient
le bien-être, et à vivre en paix avec soi-
même, pour échapper au supplice des remords.

Malesherbes, outre cette religion philosophique, qui le mettait en correspondance avec
l'Etre-Suprême, avait une espèce de religion
littéraire, qui épurait son commerce avec les
propagateurs des lumières.

Il mettait à la tête de son symbole, que
l'homme de lettres, dont les connaissances
les plus profondes ne menent d'ordinaire
qu'au doute, ne devait point adopter de
dogmes philosophiques exclusifs ; qu'appelé
à régénérer paisiblement le monde social, il
était bien peu de chose quand il ne se montrait ni sensible, ni tolérant, et qu'il n'était

rien du tout, quand il se montrait sans courage.

Malesherbes était dans son élément, quand il se trouvait parmi les gens de lettres : il ne voyait d'égalité que là ; parce qu'on n'a pas besoin de constitution pour être de la république des lettres ; parce que la supériorité de convention disparaît devant la supériorité de génie ; parce que le talent, qui ne sait point niveler à la façon des démagogues, ne rabaisse rien et applanit tout.

Malesherbes n'a perdu que par la mort, les amis qu'il s'était faits parmi les gens de lettres. On a publié à tort, qu'à l'approche des tems orageux, où la France s'est vue tourmentée par tant de systêmes d'innovation, il avait témoigné des regrets d'avoir trop vécu avec les penseurs de l'*Economisme* et de l'*Encyclopédie*. Un sage vieillard, qui a eu quarante ans sa confiance, m'a assuré qu'il n'avait jamais varié ni dans ses principes, ni dans ses attachemens : Ministre, il défendit Turgot au Conseil d'Etat, et disgracié, quand il perdit son ami, il protégea encore sa mémoire. Il montra la même bonne-foi dans ses rapports avec les architectes de l'*Encyclopédie* : jamais il ne cessa d'honorer Diderot, et de vivre avec Dalembert ; seulement il trouvait mauvais, à sa manière, c'est-à-dire, en souriant avec ironie, que les manœuvres de ce grand édifice littéraire, sous prétexte de commander impérieusement la tolérance, fussent devenus les plus intolérans des hommes. Faire un choix parmi des adeptes, n'est pas se brouiller avec les hommes qui ont imaginé le Grand-Œuvre de l'*Encyclopédie*.

Malesherbes était digne de favoriser l'*Encyclopédie*, parce qu'aucune des parties des connaissances humaines ne lui était étrangère : lorsqu'il avait épuisé son génie à éclairer le cahos des lois, à accommoder la politique aux besoins des Empires, la Botanique et l'Histoire Naturelle, venaient occuper ses loisirs : versé dans la littérature, il savait par cœur les classiques de l'antiquité et les nôtres, assaisonnait tous ses jugemens d'une fleur de critique, qui servait de passeport à sa raison : les arts mêmes, exerçaient dans le besoin, l'activité de son esprit. On l'a vu, dans un âge assez avancé, étudier le procédé des Gaz, et tenter des expériences neuves, en montant dans un ballon de Montgolfier.

Les vastes connaissances de Malesherbes, lui étaient d'autant plus utiles, dans le commerce de prédilection qu'il avait avec les gens de lettres, que par ce moyen il parlait à chacun son langage. Au reste, quand même il n'aurait pas eu un point de contact avec leur intelligence, il en avait un bien plus précieux avec leur sensibilité : il les obligeait avec une délicatesse rare, devinant leurs besoins, et allant, comme le dit le bon La Fontaine, les chercher au fond de leur cœur.

Il ne faut pas s'étonner qu'avec ses principes, Malesherbes, cher à tout ce qui cultivait en France, le goût, les arts et les sciences, ait été introduit dans nos trois sanctuaires de la république des lettres.

Il entra à l'Académie des Sciences en 1750, à l'époque où il obtint la Première Présidence de la Cour des Aides, et rendit à cette compagnie illustre, un service signalé, en la faisant maîtresse de la distribution de ses

pensions, dont le duc de La Vrillière disposait aussi arbitrairement que de ses lettres-
de-cachet : de ce moment, ces pensions,
épurées dans leur source, devinrent une
espèce de titre de noblesse littéraire ; et l'on
statua que désormais elles deviendraient plus
fortes, non en raison de l'adulation envers
les Ministres, mais en vertu des services et
de l'ancienneté.

L'Académie des Belles-Lettres ne s'ouvrit
à Malesherbes, que neuf ans après. Celui-ci
fit restituer à ce corps célèbre, un droit que
lui donnait sa surintendance sur les inscrip-
tions destinées aux monumens publics, et
que des Ministres, qui n'étaient que courtisans, lui avaient enlevé ; celui d'assister, par
députation, aux fêtes de Versailles : ce service était peu important, sans doute ; mais
par l'heureuse organisation de cette compagnie, c'était le seul, peut-être, qu'elle pût
attendre de sa bienveillance.

Il restait à Malesherbes, d'entrer à l'Académie Française, pour réunir les trois couronnes sur sa tête : mais cette dernière distinction, à laquelle il attachait le plus grand

prix, ne lui fut déférée que quatorze ans
après. Cependant l'opinion publique, dans
l'intervalle, s'était prononcée avec quelque
force. Dans une séance publique de 1771,
Duclos ayant dit, en parlant de la maison
de Lamoignon, *que ce nom était à-la-fois
cher aux lettres et à la vertu*, toute l'assemblée se tourna avec transport vers Malesherbes, qui était présent, comme pour indiquer combien il était digne, sous les deux
points de vue, du fauteuil. A cette époque,
le Ministère marchait en raison inverse de
l'opinion publique ; car, peu de tems après,
le sage fut exilé dans sa terre de Malesherbes.

A la fin de 1774, on ne douta pas, dans
Paris, que l'Académie Française, devenue
libre, par le retour du gouvernement à l'ancien ordre de choses, ne s'empressât d'ac-
quitter, pour-ainsi-dire, sa dette ; on alla
jusqu'à imprimer, dans les papiers publics,
que cette compagnie d'hommes de goût,
dispensant le nouveau candidat de se mettre
sur les rangs, irait au-devant de lui, et lui
donnerait le fauteuil, d'enthousiasme : mais

cette dernière anecdote a été démentie par
Malesherbes lui-même, qui fit ses visites,
concurremment avec le chevalier de Chas-
tellux, et qui écrivit à Voltaire, dans Fer-
ney, pour obtenir son suffrage. Ce grand
homme, qui aimait les gens de lettres, et
qui ne les protégeait pas, était très-mécon-
tent qu'on soupçonnât qu'il pût rougir de
demander une place, dont il ne rougissait
pas de faire l'objet de ses plus tendres solli-
citudes.

Malesherbes fut élu l'un des Quarante, en
janvier 1775 : le mois suivant il remercia
l'Académie : l'assemblée était brillante ; elle
renfermait l'élite des trois ordres : le discours
du récipiendaire, à l'exception des compli-
mens d'usage pour Dupré de Saint-Maur,
auquel il succédait, était consacré tout entier à l'éloge des lettres et à l'histoire raisonnée du bien qu'elles avaient toujours fait aux
bons gouvernemens.

Un des morceaux qu'on applaudit avec le
plus d'enthousiasme, à cause du reflet sinistre qu'il jetait sur un ordre de choses, qui
n'existait plus, fut celui que je vais transcrire :

« Il s'est élevé un tribunal, indépendant de
» toutes les puissances, et que toutes les
» puissances respectent, qui apprécie tous
» les talens, qui prononce sur tous les gen-
» res de mérite ; et dans un siècle éclairé,
» dans un siècle où chaque citoyen peut
» parler à la nation, par la voie de l'im-
» pression, ceux qui ont le talent d'instruire
» les hommes, ou le don de les émouvoir,
» les gens de lettres, en un mot, sont au
» milieu du public dispersé, ce qu'étaient les
» orateurs de Rome et d'Athènes au milieu
» du peuple assemblé. . . . »

En général, on remarque dans ce discours
de Malesherbes, ainsi que dans ses fameuses
Remontrances, des connaissances variées,
jointes à une dialectique sûre, sans être fas-
tueuse, et une raison profonde réunie à une
fleur exquise de littérature : c'était le seul des
hommes d'Etat de son tems, que les gens de
goût se proposassent de lire, lors même
qu'ils venaient de l'entendre.

Malesherbes, dont la tête meublée de pensées et de faits, était une Encyclopédie vi-
vante, a travaillé sur une foule de sujets
divers.

divers ; mais je n'arrêterai ici mes crayons
que sur deux de ses écrits, qui semblent les
plus faits pour justifier sa célébrité, sur les
*Mémoires en faveur des Protestans*, et sur
les *Observations* qu'a fait naître la belle
*Histoire Naturelle* de Buffon.

Le premier ouvrage forme un volume
*in*-8°., et fut imprimé sous le titre, non de
Paris, mais de Londres, ainsi que l'*Esprit
des Lois ;* car la vérité, pendant un siècle,
ne s'est jamais imprimée en France avec privilége. Il est composé de deux Mémoires sur
le mariage des Protestans ; on y réunit d'ordinaire, en qualité de tomes deux et trois,
l'ouvrage auxiliaire de l'Académicien Rhulières, publié vers la même époque, et qui
est consacré à des éclaircissemens historiques
sur les causes de la Révocation de l'Edit de
Nantes ; éclaircissemens d'autant plus précieux, que l'auteur, pendant le Ministère de
son ami Breteuil, les tira des archives du
gouvernement.

L'Histoire, qui aime à rapprocher les intervalles, dut voir, avec une surprise unie à
l'admiration, Lamoignon-Malesherbes dé-

truisant, à la fin du dix-huitième siècle, le monument d'intolerance, élevé cent ans auparavant par Lamoignon-Basville, un de ses aïeux, alors Intendant en Languedoc. Ce dernier avait rempli de Religionnaires les tours d'Aiguesmortes, ainsi que les cachots du fort de Brescou ; et Malesherbes prend publiquement la défense de ces mêmes Religionnaires, veut leur rendre un état civil, qu'ils n'auraient jamais dû perdre, et leur ouvre les portes des Bastilles françaises. Il est probable qu'une des grandes considérations, qui engagea le sage Ministre de Louis XVI à défendre les Protestans contre les édits perturbateurs de Louis XIV, fût le besoin impérieux pour sa sensibilité, d'expier le crime d'un de ses ancêtres : ainsi ce fut l'idée de faire une bonne action, qui porta Malesherbes à entreprendre un bon ouvrage.

Cette cause, qui était celle de l'Europe entière, fit beaucoup de bruit dans le tems: les hommes de parti, qui avaient sans doute quelque intérêt à être intolérans, cabalèrent dans l'ombre, pour que le gouvernement ne revînt pas aux principes. Il parut un ouvrage attribué ( peut-être sans motif ), au célèbre

prédicateur Lenfant, qui avait pour titre :
*Discours à lire au Conseil, en présence du*
*Roi, par un Ministre patriote, sur le projet*
*d'accorder l'état civil aux Protestans*, et ce
discours, parodie quelquefois ingénieuse,
mais toujours injuste, des *Mémoires* de
Malesherbes, partagea quelques momens les
esprits : il est vrai que ce partage était une
suite de l'état de fluctuation où se trouvait
alors la France, divisée contre elle-même. En
général, les bons esprits avaient jugé cette
cause, avant même qu'elle fût portée au
Conseil d'Etat ; et la postérité, qui commençait à naître pour Malesherbes, fit prompte-
ment justice de la critique intolérante de son
ouvrage, en le condamnant à l'oubli.

Les deux Mémoires de Malesherbes sont
écrits avec cette mesure, qui caractérise un
esprit sage appelé à gouverner les hommes :
il ne s'y livre point à ces philippiques incon-
sidérées contre le sacerdoce, qui, de son
tems, servaient de génie aux philosophes
novateurs : il ne se permet même pas des
mouvemens oratoires, que semblait lui commander un sujet inspiré par sa sensibilité :

tel est son scepticisme apparent, que dans ce beau plaidoyer contre l'intolérance, il semble à peine avoir une opinion personnelle : ce n'est pas lui qui veut persuader, ce sont les faits qu'il expose ; et ce genre d'éloquence, le plus difficile de tous, est peut-être le seul qui convienne à un homme d'Etat, censé parler devant un Aréopage.

Les *Observations sur l'Histoire Naturelle de Buffon*, un des ouvrages importans de Malesherbes, quoique composées vers 1749, furent oubliées par son auteur, pendant près d'un demi - siècle, et n'ont été imprimées qu'en 1798, quatre ans après la mort de ce grand homme.

Lorsque les trois premiers volumes du grand ouvrage du Pline Français parurent, ils furent loin de réunir tous les suffrages : soit qu'une histoire de la nature, qui débute par des systèmes, ne promît pas tout ce qu'elle a tenu depuis, soit que le style, qui a fait une grande partie de sa fortune, n'eût pas encore toute sa maturité ; soit enfin que l'opinion publique fût égarée par l'envie, qui veille sans cesse auprès des ouvrages

nouveaux, pour empêcher qu'il ne naisse
des grands hommes.

Malesherbes, qui devinait la marche de
l'envie, jusques dans l'hypocrisie de ses éloges, fut le premier à rendre justice à un
aussi beau génie que Buffon ; mais il ne voulut
pas que son livre, qui devait jouir un jour
d'une grande renommée, fût le véhicule
d'erreurs dangereuses, et destinées à arrêter
les progrès de la science. Aussi dans son
saint enthousiasme, il chargea de notes critiques les marges des trois premiers volumes
de l'*Histoire Naturelle*. Ces notes fortifiées
dans la suite de nouveaux faits, éclairées par
une raison supérieure, liées ensemble par
un fil encyclopédique, devinrent insensible-
ment un ouvrage.

Malesherbes ne porta point dans ses
*Observations*, ce fiel amer qui rend odieux
à l'homme de goût, le critique qui a raison :
par-tout il relève le talent de l'écrivain qu'il
analyse ; par-tout il le montre déployant de
grandes idées, s'élevant à la hauteur de la
nature, quand elle rend ses oracles, et sup-
pléant à son silence par d'ingénieuses analo-

gies ; mais se rappelant bientôt qu'il a une
sorte de magistrature à exercer , devenu
avocat général dans la cause des sciences , il
examine le livre de Buffon sous un autre
point de vue ; il relève , mais avec modération , son inexactitude , soit dans les faits
qu'il rapporte , soit dans les jugemens qu'ils
amènent , ses méprises en Botanique , en
Chymie et en Minéralogie , sur-tout sa pente
à faire un comble au grand édifice des
mondes avec ses systêmes , tandis que les
bases n'en sont pas encore posées sur les
expériences : ces discussions appellent par-
tout la lumière et la reflètent ; elles agran-
dissent le champ de l'Histoire Naturelle , y
fraient des routes nouvelles et la font aimer.

Cependant il faut être juste envers Malesherbes , comme il l'a été envers Buffon : il y
plus d'un morceau dans ces *Observations* ,
qui décèle la jeunesse de l'auteur , plus d'un
trait ingénieux d'ironie , que l'âge mûr lui
aurait fait effacer. L'éditeur plein de goût ,
qui a fait ce présent à la République des
Lettres, les caractérise sous le nom d'*Esquisse
terminée*. Il est vrai que cette esquisse porte

évidemment l'empreinte d'un grand maître ; aussi est-elle de nature à être récherchée des naturalistes, comme les peintres recherchent celles de Raphaël.

Mais pendant que je rends compte de tout ce que fait Malesherbes pour une immortalité, à laquelle il avait la modestie de ne pas prétendre, déjà j'entends le bruit des pas des conspirateurs vomis par les Comités révolutionnaires ; je les vois s'approcher du vieillard auguste, qui les défie en silence par sa sérénité. . . . Mais écartons encore quelques momens ce sinistre tableau : le sage n'a pas terminé sa vie publique, il lui reste un grand exemple de courage à donner à ses contemporains, avant de leur apprendre à mourir.

Il y avait déjà quelque tems que la monarchie française n'existait plus que pour l'Histoire ; son dernier roi, rassasié d'opprobres, renfermé dans la tour du Temple, allait avoir pour juges les hommes qui l'avaient détrôné. Malesherbes apprend, dans sa retraite, le danger de son souverain, et retrouvant, à soixante - dix ans, l'énergie de sa jeunesse, il écrit au Président de la

Convention, une lettre touchante, que tous les hommes de bien, dans le tems, apprirent par cœur, et qu'aujourd'hui l'égoïsme, devenu presque national, a trop fait oublier.

« J'ignore si la Convention donnera à
» Louis XVI, un conseil pour le défendre,
» et si elle lui en laissera le choix : dans ce
» cas là, je desire que Louis XVI sache que
» s'il me choisit pour cette fonction, je suis
» prêt à me dévouer.

« Je ne vous demande pas de faire part à
» l'Assemblée nationale de mes offres ; car je
» suis bien éloigné de me croire un person-
» nage assez important pour qu'elle s'occupe
» de moi. Mais j'ai été appelé deux fois au
» Conseil de celui qui fut mon maître, dans
» le tems que cette fonction était ambitionnée
» par tout le monde : je lui dois le même
» service, lorsque c'est une fonction que
» bien des gens trouvent dangereuse.... »

Ce trait de vigueur romaine, au milieu de l'abandon général qu'éprouvait Louis XVI, fit une sorte de fermentation dans Paris, malgré la mort qui planait sur toutes les têtes ; on s'y permit, pendant vingt-quatre heures, de dire hautement qu'on n'était pas bien sous le régime de la Démagogie. C'est alors qu'un personnage distingué, d'une nation rivale, qui avait désespéré jusqu'à ce moment du salut de la République française, se rassura, en voyant ( ce sont ses termes ) *le plus infortuné des rois, défendu par le plus vertueux des hommes.*

Malheureusement la fatale sentence semblait prononcée, avant même que l'accusé parût devant ses juges : une partie de la France le pressentait, ainsi que Malesherbes ; et je m'étonne que ce dernier, au lieu de chercher à maîtriser un avenir, qu'il n'était pas en son pouvoir de changer, n'ait pas conseillé au monarque de récuser ses juges, de ne répondre dans son interrogatoire, qu'à la postérité, et de mettre toute sa dignité, à savoir mourir.

Dès le 22 janvier 1794, le lendemain du supplice de Louis XVI, Malesherbes voulut partir pour sa terre, afin d'être moins obsédé des souvenirs déchirans, qui allaient empoisonner les derniers instans de sa vieillesse : ses amis se réunirent à l'en dissuader :

ils lui représentèrent que Paris, quoique le
foyer de toutes les discordes, et le réceptacle
de tous les crimes, était le seul lieu de la
France, où l'opinion publique conservait
encore une sorte d'influence : cette opinion
publique pouvait en effet le sauver : d'ailleurs, en vivant obscurément dans la capitale, il se perdait dans la foule, tandis que
ses ennemis ne voyant que lui dans le château de Malesherbes, pouvaient à leur gré
signaler leur victime. Le sage balançait, mais
un motif de délicatesse, le détermina à suivre
sa destinée : il s'agissait à cette époque, de
défendre la reine ; celle-ci ne pouvait, sans
faire injure au dernier ami de son époux,
ne pas le nommer, et elle répugnait à un
pareil choix. Malesherbes, toujours généreux, même quand il avait à se plaindre des
êtres qu'il avait le plus aimés, partit ; cette
démarche ne sauva pas la reine, et accéléra
l'instant de son propre supplice.

Malesherbes fut oublié pendant dix mois
dans sa terre : il ne lisait plus de papiers publics, et semblait avoir fait divorce avec une
patrie, qu'il porta soixante ans dans son

sein. Un jour qu'une bêche à la main, il parcourait ses plantations, trois membres d'un Comité révolutionnaire, de la Section de Bondy, vinrent arrêter devant lui, sa fille et son gendre, et le laissèrent lui-même dans une incertitude sur sa destinée, bien plus cruelle qu'une captivité, qu'il aurait partagée avec tout ce qui lui faisait chérir encore l'existence.

Cette incertitude ne fut pas de longue durée : dès le lendemain, avant le lever du soleil, de nouveaux satellites, portant, avec un orgueil digne de leur bassesse, une seconde liste de proscription, vinrent l'enlever lui-même avec ses petits fils ; et malgré le dévouement de quatre officiers municipaux de sa commune, qui s'offrirent pour caution de son patriotisme, le traînèrent à Paris, dans la maison d'arrêt des Madelonnettes.

Malesherbes, de ce moment, ne chercha plus à se faire illusion : on lui avait appris dans la route, combien de têtes illustres, la faulx révolutionnaire avait moissonné, et il s'était rappelé le mot célèbre du Cacique indien, à l'Espagnol qui voulait le convertir sur l'échafaut : *Il me serait moins doux de vivre avec les bourreaux, que de périr avec les victimes.* Cependant il lui restait un dernier souhait à former, celui de se réunir avec sa famille dispersée, pour consoler lui-même des infortunés, qui, ayant sa vertu, pouvaient ne pas avoir son courage : il fit agir ceux de ses amis, chez qui un sang généreux bouillonnait encore dans les veines; et enfin il obtint du Comité de Sûreté Générale, que son gendre, sa fille et ses petits fils, seraient transférés avec lui dans une même prison : ce bienfait apparent voilait une perfidie.

Port-Libre, dans la rue de la Bourbe, fut la dernière demeure des trois générations, restantes de la maison de Malesherbes. Port-Libre! quel nom pour un tel séjour! comme il pèse sur le cœur des amis de Port-Royal! comme il contraste avec le spectacle de l'abjecte tyrannie, et de la plus déplorable servitude! L'instant où Malesherbes y entra, amena une scène déchirante : à peine le nom de ce grand-homme fut-il prononcé par le geolier, que par un mouvement spontané d'enthousiasme, tous les captifs réunis se levèrent, pour lui déferer au milieu d'eux, une place d'honneur : *Non*, dit le nouveau Phocion, avec un calme qu'aucune plume ne peut peindre, *je vois un vieillard qui m'efface en âge, et c'est à lui que cette place appartient.* Tout le monde fondit en larmes, et Malesherbes cacha les siennes dans le sein de sa fille.

J'ai annoncé une perfidie, préparée par le Comité de Sûreté Générale, et elle ne tarda pas à avoir son effet : Malesherbes aimait beaucoup son gendre, le Président de Rosambo ; leurs pensées semblaient sortir de la même intelligence, leurs espérances et leurs craintes émaner de la même sensibilité. Tout-à-coup un ordre du gouvernement vient enlever ce dernier, sous le prétexte qu'il avait signé une protestation, comme membre du Parlement, et on le conduisit à Sainte-Pélagie, où je l'ai vu arracher de mes bras, par d'odieux gendarmes, pour le traîner à l'échafaud.

L'abominable jugement du vertueux Rosambo, parvint à Malesherbes ; car c'était un raffinement de barbarie, de la part des Phalaris de ces tems-là, de n'introduire dans les prisons d'autres papiers publics, que les sentences du Tribunal révolutionnaire : le sage lut, dans l'arrêt de son gendre, celui qu'on allait prononcer contre lui-même, et se résigna. Dès le lendemain, les satellites de la mort ( c'est ainsi que les désigne l'auteur sensible de la *Notice,* qui me sert ici de guide ) vinrent saisir Malesherbes, avec la Présidente de Rosambo sa fille, et ses petits enfans, le Comte et la Comtesse de Châteaubriand, pour les conduire à la Conciergerie. C'est alors que la fille de ce grand-homme, s'arrachant des bras de la jeune Sombreuil, qui avait sauvé la vie à son père, lors des massacres du 2 septembre, lui dit ces mots touchans, qui respirent une simplicité antique : *Vous avez eu la gloire de sauver votre père, j'ai du moins la consolation de mourir avec le mien.*

Lorsque Malesherbes arriva à la Conciergerie, qu'on pouvait regarder, dans ces tems malheureux, comme l'anti - chambre de l'échafaut, un détenu qui l'avait cultivé lors-

qu'il était Ministre d'Etat, oubliant sa propre
infortune pour s'occuper de celle de l'auguste
vieillard, se précipite à ses pieds. Le sage,
toujours plus serein à mesure que tout ce
qui l'entourait se livrait le plus à l'effroi,
le relève avec douceur : *Vous le voyez*, lui
dit-il, *je me suis avisé, sur mes vieux
jours, d'être un mauvais sujet, et l'on m'a
mis en prison.* — Pourquoi donc ces mots si
simples, et qui ne signifieraient rien, s'ils
sortaient d'une bouche vulgaire, oppressent-
ils en ce moment mon cœur ? Pourquoi mes
larmes qu'ils provoquent, abreuvent-elles le
papier où je viens de les tracer ? c'est que
c'est Malesherbes qui les prononce ; c'est que
la pensée franchit tout d'un coup un intervalle que l'infini devrait séparer ; l'instant
de la vie d'un grand-homme, où la patrie
lui doit une statue, et celui où cette même
patrie l'envoie, à soixante et douze ans,
expirer sur un échafaud.

Malesherbes ne tient plus que par un fil à
l'existence, et l'inaltérable sérénité du juste
se montre encore sur son visage à demi-
voilé des ombres de la mort. Le 21 avril 1794,

on vient le prendre à la Conciergerie, pour le conduire au supplice ; ses mains étaient liées, et la faiblesse de sa vue l'empêchant de voir une pierre qui obstruait le passage, son pied la touche et il chancelle : *Voilà*, dit le modeste Socrate à son voisin, *un sinistre présage ; un Romain à ma place serait rentré ;* et il continue, en souriant, sa marche hors de l'enceinte de sa prison.

Arrivé à la place de la Révolution, on fit subir à l'illustre vieillard une partie des angoisses dont on avait aggravé la fin tragique du vertueux Bailly. Sa fille, sa petite-fille et son gendre, furent frappés avant lui : cette lente et douloureuse agonie ne lui arracha aucune plainte. Il était déjà en esprit dans le séjour de l'immortalité ; son tour de périr vint ensuite ; et comme Louis XVI, avant d'abaisser sa tête sur la planche fatale, il pardonna à ses nombreux assassins.

Malesherbes avait soixante et douze ans et un peu plus de quatre mois, quand il tomba dans le sein de l'Ordonnateur des Mondes, dont il était un des plus beaux ouvrages.

# MÉLANGES

### SUR

# MALESHERBES.

# INTRODUCTION.

CETTE seconde partie de mon ouvrage aurait été fondue dans la première, si j'avais eu à écrire les annales de Gengiskan, de Sésostris ou d'Alexandre; alors il n'y a point de petit fait; l'éclat du personnage rejaillit sur les moindres détails de sa vie privée; et comme il y a unité de grandeur dans le héros, il doit y avoir aussi unité de style dans son histoire.

Il n'en est pas de même de la vie d'un magistrat, homme de lettres, qui a été notre contemporain. Trop près de lui, pour ne pas apperçevoir des nuances dans son caractère, dans ses idées, et jusques dans le développement de sa vertu, le goût exige qu'il y en ait aussi

dans le mode de le peindre; il faut le
représenter au devant de la scène, exécu-
tant tout ce qu'il a fait de mémorable, et
renvoyer les faits, qui, sans cesser d'être
attachans , semblent moins dignes de
sa grande renommée, dans le lointain
de la perspective.

Malesherbes a paru sur le premier
plan de la scène ; c'est ce qui constitue
proprement sa vie ; il me restait à le
montrer au fond de la perspective, et
voilà l'objet de ces mélanges.

On se doute qu'ici l'histoire doit
baisser d'un ton; on ne prend point la
trompette épique , quand il s'agit de
faire connaître un grand homme en
déshabillé ; et le ciseau hardi qui sculpta
le Moïse de Michel-Ange , ne doit pas
servir à donner de la physionomie à
un sage.

# MÉLANGES

### SUR

# MALESHERBES.

## ANECDOTES

### SUR SA JEUNESSE.

J'AI trop dédaigné la jeunesse d'un homme
de bien, qui a fait de grandes choses ; Fontenelle est là, qui m'avertit de ma méprise :
Fontenelle qui, dans ses Éloges, a donné de
l'intérêt et de la vie à des détails fugitifs de
la vie humaine; qui, se jouant avec finesse
de la plupart des idées reçues, entoure d'un
cadre magnifique le petit médaillon d'un sage,
et réduit le portrait en pied d'un héros à

une simple miniature ; mais aussi malheureusement la nature, dans un moment de
dépit contre les orateurs à petites vues et à
grandes phrases, a brisé le moule des Fontenelle.

Malesherbes, dans sa première jeunesse ;
ne fit pas parler de lui : son esprit se mûris-
sait lentement et en silence. Comme rien, dans
son entendement, n'était précoce, on jugea
que le grand nom de Lamoignon serait pour
lui un fardeau, et on se trompa, comme on
l'avait déjà fait pour Mallebranche : la nature en sait un peu plus que les faiseurs
d'horoscopes.

Quand il approcha de l'âge, où il pouvait
occuper une charge de magistrature, le chancelier son père, qui résidait à Malesherbes,
le mit à Paris, sous la surveillance de son
aïeule, et celle-ci confia son dépôt à l'abbé
Pucelle.

L'abbé Pucelle, neveu du maréchal de
Catinat, et un des oracles du parti janséniste
au Parlement, avait une tête supérieurement

organisée, sur-tout pour les affaires d'état.
Il donna à son élève les premiers élémens,
non de cette politique versatile des cabinets,
qui arrange et dérange les empires, comme
s'il s'agissait de remplir, en sens inverse, les
cases d'un échiquier, mais de cette politique
éternelle qui conserve tous les droits, protége
toutes les propriétés, et fait ressortir des lois
de l'harmonie le bonheur de la grande famille
du genre humain.

Malesherbes, non content de ces leçons pri-
mordiales, sur les instances de l'abbé Pucelle,
qui avait toute la modestie du talent, le quitta
pendant un an entier, et alla suivre un cours
de droit public dans une université d'Allemagne.

L'abbé Pucelle apprit aussi au jeune Malesherbes à se défier, quand il serait magistrat,
de l'éloquence verbeuse des orateurs du barreau, de leur talent vénal, et même de leur
renommée. Un jour que celui-ci lui vantait
les plaidoyers de Cochin : *Ne m'en parlez*
*pas*, dit le patriarche janséniste, *il m'a fait*

*rendre, avec l'harmonie insidieuse de ses périodes, deux mauvaises sentences, et je ne m'en consolerai jamais.* On sait que c'est le même Cochin qui, se plaignant à son tour de la versatilité des principes du Parlement, se permit un mot peu honorable pour sa mémoire : *J'ai tant gagné de mauvaises causes, j'en ai tant perdu de bonnes, que je les plaide toutes.*

Malesherbes avait la plus haute estime, soit pour les talens de l'abbé Pucelle, soit pour la hauteur de son ame. Ce dernier s'étant fait enfermer au château du Ham, pour les futiles querelles de la bulle Unigénitus, dormit tout le long de la route, et s'amusa à faire des vers dans sa prison. Quand notre sage, à la révolution de 1771, se vit exilé dans sa terre, il dit à ses amis en les embrassant : *Tranquillisez-vous ; je n'ai pas le génie de l'abbé Pucelle, mais j'aurai son courage ;* et il tint parole, quoiqu'il ne dormît pas dans sa chaise de poste, et qu'au lieu d'aligner des vers, il alignât des avenues de mélèze et de bois de Sainte-Lucie au château de Malesherbes.

Devenu conseiller au Parlement, Malesherbes se partagea entre l'étude du droit français et celle de la botanique; science dont la paisible simplicité souriait à sa touchante bonhommie, et qui, après avoir fait le charme de son adolescence, devait un jour faire la consolation de sa vieillesse.

Une des singularités de cette époque de la vie du sage, c'est que, tout conseiller au Parlement qu'il était, il suivait les cours de Jussieu avec une exactitude rare, confondu avec les simples étudians, et ne se nommant jamais. A la cérémonie des Paranymphes, où les licenciés de la médecine et des arts allaient, suivant un antique usage, complimenter chaque chambre du Parlement, Malesherbes se joignit au cortége. Quelle fut la surprise du Président des Enquêtes, quand il reconnut son collègue parmi des botanistes et des médecins ! De ce moment les étudians regardèrent le jeune Lamoignon avec respect;

mais celui-ci, qui n'était à son aise qu'avec la bonhommie et l'amitié, n'alla plus aux cours de botanique.

Il faut que cette botanique ait singulièrement occupé les loisirs de Malesherbes, puisque son herbier, à l'époque où les comités révolutionnaires s'en emparèrent, était composé de vingt volumes.

Malesherbes, n'ayant plus de cours à suivre au Jardin du Roi, se livra tout entier à ses devoirs de magistrat. Quoique simple conseiller aux enquêtes, il se trouva plusieurs fois juge à la Tournelle; et c'est là qu'à la vue de quelques grands criminels, impénétrables à leurs juges et inaccessibles aux remords, il fut tenté plusieurs fois, malgré sa tolérance, de prendre en pitié la nature humaine. Ses craintes se changèrent en certitude, un grand nombre d'années après, quand il vit les trois scélérats condamnés à la roue, dont du Paty avait fait casser l'arrêt, une fois devenus libres, provoquer, par de nouveaux attentats, leur supplice. Il est certain qu'il y a un pé-

riode de perversité, où l'on ne se corrige jamais; et si la philosophie est tentée de cacher
cette erreur de la nature, c'est aux dépositaires des lois à ne pas l'oublier.

Malesherbes cesse d'être jeune, et il est tems
de le suivre dans une carrière, où la France
presque entière a cru qu'il s'était couvert de
gloire.

# NOUVELLES CONSIDÉRATIONS

## SUR

## LAVIE PUBLIQUE DE MALESHERBES.

Un homme de poids, qui n'avait aucun intérêt à me tromper, mais que son caractère
facile exposait quelquefois à l'être lui-même,
a tenté d'affaiblir mon culte pour Malesherbes, considéré comme homme public. Il m'a
assuré que celui-ci n'avait jamais eu le moin-
dre génie d'administration; qu'il ne pouvait
opiner au Conseil sans faire sourire les hommes d'état, et que le jour où il se démit de son
Ministère, il fit l'aveu de son inexpérience,
en disant à un de ses amis : *Il est tems que
je me retire ; car je sens que chaque jour je
perds un lambeau de ma renommée.*

Quoi ! Malesherbes n'avait point le génie
d'administrateur ! et pendant vingt-cinq ans

il lutta, non sans succès, avec l'administration à la fois vigoureuse et tutélaire de la Cour des Aides, contre l'administration turbulente et oppressive des traitans ! Il n'était point administrateur ! et à peine eut-il le département de la Maison du Roi, qu'il en réforma les antiques abus; qu'il ferma, autant qu'il était en lui, les prisons d'état, et réconcilia presque la nation avec les ordres arbitraires, en ôtant toute contagion au fléau des lettres de cachet.

Je m'arrêterai encore un moment sur le grand service rendu à la patrie par Malesherbes, dans son administration contre ces lettres de cachet, parce que sa théorie conciliatrice, telle qu'elle résulte de ses discours éloquens à la Cour des Aides, de ses écrits inédits et de ses entretiens avec les amis de son cœur, me semble un chef-d'œuvre de politique tolérante, de raison mûrie par l'expérience, et de philantropie.

L'usage des lettres de cachet ne remonte pas bien haut, dans les annales de la monarchie française; les bons princes n'en avaient pas besoin pour se faire obéir. Les despotes, qui voulaient moins être justes que se venger, mettaient une sorte de pudeur dans leur distribution, en ne les destinant qu'aux hommes de leur cour, que l'opinion publique avait déja frappés d'ignominie. Vers le commencement du règne de Louis XIV, ce prince répondit à un Ministre qui lui en représentait l'illégitimité: *Je ne les aurais point établies; mais quelquefois je m'en sers.* Il faut bien observer qu'à cette époque il n'y avait point de police dans Paris, puisqu'elle ne semble née que du génie du trop célèbre d'Argenson; alors il était difficile de réprimer les délits des seigneurs, qui conjuraient dans l'ombre pour renverser un gouvernement qui pouvait leur déplaire. Il l'était d'autant plus, que l'homme en crédit élude du moins la surveillance des lois, quand il ne les brave pas; il fallait donc alors, pour empêcher les déchiremens intérieurs de l'état, s'assurer de la personne d'un perturbateur, jusqu'à ce qu'*il*

pût être mis sans danger en jugement. Ces
considérations ont sur-tout quelque poids au
sortir des guerres de la Ligue et de la Fronde,
et c'est la seule manière de justifier le mot
d'un monarque d'un aussi grand sens que
Louis XIV.

Malesherbes, Ministre, déclara d'abord
hautement son intention d'abolir la jurisprudence arbitraire des lettres de cachet. Il avait
sous les yeux le trafic infâme qu'en avait fait,
pendant un demi-siècle, l'odieux la Vrillière:
il savait que leur usage trop prolongé con-
duisait à substituer l'empire de l'épée à celui
de la loi ; espèce de délit de lèze-nation, dont
le maréchal de Richelieu s'était rendu coupable, à la Cour des Aides même, lorsqu'étant
venu dissoudre, en 1771, cette compagnie,
en vertu d'une lettre de cachet ; sur la demande que le président lui fit de ses ordres,
il répondit avec audace : *Mes ordres sont mes
soldats*, et qu'il les fit défiler devant les magistrats. Il était donc tout simple que le premier vœu de ce grand homme, quand il eut

dans les mains cette arme terrible des lettres de cachet, fût de l'anéantir.

Cependant la réflexion vint modifier cette espèce d'insurrection philosophique : il observa que les formes des tribunaux étaient lentes, qu'il était aisé au crédit ou à l'or d'entraver le cours des lois, et qu'alors le défaut d'une justice arbitraire, il est vrai, mais prompte et expéditive, pouvait mettre, dans quelques circonstances, l'ordre social en danger : il réfléchit aussi qu'il y avait des délits dans l'intérieur des familles, dont la punition publique faisait rejaillir l'opprobre sur une foule d'innocens. Il alla plus loin; il pressentit un tems d'orage politique, où des princes du sang, audacieux dans leur abjection, tel que nous avons vu un duc d'Orléans, devenus, à force de crimes, plus puissans que les cours de judicature chargées de les surveiller, ne pourraient être réprimés que par des moyens arbitraires, qui suppléeraient alors à l'insuffisance de la force publique. Toutes ces considérations éclairè-

rent le sage , et il aima mieux tenter d'assi-
miler les lettres de cachet avec la jurisprudence criminelle , que de les anéantir.

Son plan à cet égard était d'une haute sagesse ; il consentait que, sur la première indi-
cation d'un grand crime , ou dans le tumulte
d'une insurrection qui mettrait le gouvernement lui-même en danger , le prince, en
vertu de sa toute-puissance , lançât contre le
citoyen présumé coupable une lettre de cachet : mais il voulait que le jour même, le
délit fût examiné par un comité de magistrats , moins du choix du monarque que de
celui de l'opinion publique ; que la lettre ne
continuât à avoir son effet que par l'unanimité des suffrages ; que l'accusé eût la liberté
de faire parvenir à l'instant tous ses moyens
de défense , et que, dans le cas où l'on aurait
trompé la religion du souverain , il eût son
recours contre le calomniateur , fût-il sur les
marches du trône , ainsi que l'assurance de
puissantes indemnités. Il est bien évident
qu'avec de pareilles modifications , il n'y a

point de lettres de cachet; mais ces modifications, ou d'autres de ce genre, doivent existir en saine politique, parce que c'est de la stabilité de la liberté civile que naît la stabilité du gouvernement.

Continuons l'examen de la critique des *hommes de poids*, contre la vie publique de Malesherbes.

*Malesherbes*, dit-on, *ne pouvait opiner au Conseil, sans faire sourire les hommes d'état* qu'y avait appelés Louis XVI.

Le Conseil d'état, par excellence, à l'époque du Ministère de Malesherbes, était composé du roi, qui aimait le sage, de Turgot, qui le protégeait de toute son influence sur le gouvernement, de Vergennes et de Sartine, dont la politique consistait à louvoyer pour se maintenir en place; de Bertin, homme probe, mais sans crédit; du maréchal de Soubise, être nul, qui ne restait au Conseil que par une sorte de pudeur qui empêchait de le renvoyer, et du visir Maurepas : je ne vois que ce dernier qui pût se permettre de

*sourire* des opinions philantropiques de Malesherbes , car toute sa logique était en épigrammes ; mais alors il était atterré par le
génie de Turgot ; il s'occupait puissamment
à se défaire d'un rival qui lui faisait ombrage , et songeait peu à rire d'un philosophe.

Le Conseil d'état , que je me permets d'appeler secondaire , et auquel le roi n'assistait
pas , avait un nombre bien plus considérable
de membres ; mais sa composition ne me semble pas offrir beaucoup de preuves , de l'asser-
tion très-inconsidérée de mon *homme de poids*.

Le chancelier Maupeou , dont on voit le
nom à la tête de la liste , était exilé dans une
de ses terres. Dans un tems plus heureux pour
lui , il riait quelquefois avec sa *cousine* Du-
barry , mais non avec les magistrats , dont il
avait réfuté les argumens philosophiques avec
des lettres de cachet.

Le garde des sceaux Miromesnil ne riait
et ne faisait rire , que quand il jouait la comédie devant Maurepas , sur le théâtre de Pont-
chartrain.

Quant aux autres conseillers ordinaires, c'était, pour la plupart, des hommes graves et de mœurs pures, dont les cheveux avaient blanchi dans l'étude de notre droit public, et qui avaient acheté, par leurs services dans les grandes places de la magistrature, le droit d'éclairer le souverain sur l'art si difficile de gouverner. On y voyait les noms vénérables des Dargouges, des Cochin, des Dormesson, des Fourqueux et des Daguesseau; et, si un Foullon, un marquis de Marigny, que les favorites avaient glissé dans le Conseil, s'étaient permis de sourire sur la philantropie d'un Malesherbes, il est hors de doute que l'indignation, peinte sur le visage de leurs vénérables collègues, aurait fait justice à l'instant d'un pareil oubli de toutes les bienséances et de tous les devoirs.

Quant au mot attribué à Malesherbes, le jour qu'il donna sa démission : *Il est tems que je me retire, car je sens que, chaque jour, je perds un lambeau de ma renommée ;* j'en appelle à toutes les personnes qui ont vécu

dans la société intime de ce grand homme ;
y a-t-il l'ombre de vraisemblance, quand on
connaît son éloignement pour le style figuré,
qu'il se soit permis, en causant avec ses amis,
de parler d'une *renommée en lambeaux ?*
Y en a-t-il sur-tout, quand on a vu mille
traits de sa touchante modestie, qui ajoutait
tant de prix à ce qu'il faisait de grand, qu'il
ait jamais parlé de sa *renommée ?* Cette *renommée*, dont chaque jour il s'échappe un
*lambeau*, est si en contradiction, soit avec
le goût, soit avec le caractère de Malesherbes,
que transcrire le mot qu'on lui prête, c'est
peut-être assez le réfuter.

Continuons à recueillir des faits sur la vie
publique de Malesherbes, et voyons s'il est
possible que sa *renommée* en ait pu souffrir
quelque atteinte. Cette logique d'anecdotes
non contestées a un peu plus d'autorité, que les
allégations anonymes d'un *homme de poids.*

Malesherbes, en entrant au Ministère,
avait les injures de la magistrature et les
siennes à venger ; mais il les avait oubliées au-

trefois dans son exil, quand le chancelier Maupeou était au plus haut période de sa puissance,
et il ne songea pas à se les rappeler, quand son
ennemi était malheureux, et que lui-même
succédait à sa faveur. Au reste, il faut moins en
faire honneur à la magnanimité du sage, qu'à
sa théorie raisonnée sur l'oubli des injures.

Malesherbes avait étudié l'histoire en
homme d'état, c'est-à-dire, en déduisant les
effets des causes, et en les enchaînant ensemble
avec la morale et la philantropie. La politique heureuse d'Auguste, pour faire oublier,
comme empereur, les crimes qu'il s'était permis, comme triumvir, est ce qui le frappait
le plus dans les annales des Césars. Il ne pouvait se lasser d'admirer avec quelle adresse il
allait au-devant des amis de ce Cassius et de
ce Brutus, qui lui avaient disputé l'empire,
et qu'on appelait encore de son tems les derniers des Romains, pour leur offrir des di-
gnités, que le patriotisme républicain semblait
repousser. Plus on montrait d'attachement à
la mémoire de ces deux illustres ennemis, et

plus on avait droit à ses caresses. Un de ces
hommes libres, dont le prince voulait se
faire un partisan, osa un jour lui montrer
le portrait de ces héros, qu'il portait sans
cesse sur lui, et un sourire de bonté fut sa
réponse. C'est à cet oubli des injures dans
l'homme d'état, qu'on doit un mot de Malesherbes, consigné dans quelqu'une de ses belles
remontrances : qu'*Auguste, le plus féroce
des tyrans, en commençant son règne, était
devenu, sur la fin, le meilleur des rois.*

Ce grand homme se souvint de la maxime
d'Auguste, quand, à son avènement au Ministère, on lui demanda ce qu'il ferait de
Maupeou, qui l'avait exilé, si ce fléau de
la magistrature redevenait homme privé :
« Si Maupeou, répondit-il, avait le génie de
« L'Hôpital, je prierais le roi de le faire
« chancelier encore, dût-il m'envoyer, par une
« nouvelle lettre de cachet, à Malesherbes. »

Malesherbes avait si peu l'ame haineuse,
que quand ce redoutable chancelier, qui
avait fait distribuer tant de lettres de cachet

pendant sa faveur, reçut la sienne à son tour, il dit, en apprenant son mot fier à la Vrillière, qu'il se trouvait trop vengé. Tout le monde connaît ce mot de Maupeou, qui n'annonçait point en effet un être abject et rampant : *Monsieur le duc, j'ai fait gagner au roi un procès contre ses cours de magistrature, qui durait depuis trois cents ans; ce n'était point à lui à m'en punir.*

Notre sage ne témoigna pas le même intérêt, lors de la disgrace des êtres immoraux, qui avaient contribué à dégrader les dernières années du règne de Louis XV. Dans ce nombre, était un comte du Barry, surnommé *le Roué*, qui, de concert avec le maréchal de Richelieu, avait jeté sa maîtresse dans le lit du monarque, pour mettre le nouveau Claude sous la tutelle d'une nouvelle Messaline. Malesherbes, durant son Ministère, reçut une lettre très-rampante de ce courtisan, pour qu'il lui donnât la liberté de retourner à Paris; la réponse fut très-laconique : il lui fut notifié, par un billet, qu'il n'était pas un

personnage assez important, pour qu'un Ministre du roi s'occupât de lui , et on l'invita
à s'adresser au lieutenant de police.

La bonhommie, qui faisait le charme de la
vie privée de Malesherbes , et qu'il conserva ,
malgré les railleries des hommes frivoles ,
dans sa vie publique , lui attira quelques
aventures bizarres pendant son Ministère ;
elles sont en petit nombre et trop peu impor-
tantes pour être transmises à l'histoire. La
seule, qui ait quelque sel , paraît avoir été fa-
briquée par quelque Beaumarchais , dans
les petits soupers du comte de Maurepas.
Malesherbes, dit-on , était lié , sous le rapport des arts utiles , avec le premier chirur-
gien du roi, Lamartinière : les deux personnages se rencontrent un matin dans la galerie de Versailles ; ils avaient l'un et l'autre le
même costume , l'habit noir complet et la
perruque magistrale. Le dernier, pour tirer
vanité, aux yeux des nombreux spectateurs ,
de sa liaison avec un Ministre, s'approche de
lui avec une aisance peu respectueuse . et lui

dit, en lui frappant doucement sur le ventre :
*Bon jour, Pater ;* celui-ci répond à l'instant,
en faisant allusion à la profession de Lamartinière : *Bon jour, Frater ;* et cette saillie,
ajoute-t-on , fit une grande fortune à la cour
et dans la capitale. Malheureusement cette
anecdote n'a pas le plus léger fondement, et
le vénérable Abeille en tient le désaveu de la
bouche même de Malesherbes.

Malesherbes , outre sa bonhommie , avait
transporté à la cour sa touchante bienfaisance. Jamais les honneurs , comme on s'y
attend toujours, quand on respire dans un
pareil élément, ne changèrent ses mœurs : il
faisait le bien et le faisait sans faste. Une
petite nièce du grand Corneille vivait à Paris
dans l'indigence, mais la cachant à tout le
monde, à cause de la fierté que lui inspirait
le sang du créateur de Cinna et de Rodogune;
le Ministre de Louis XVI se rend chez elle,
lui offre son amitié et lui procure une pension
du roi sur sa cassette.

C'est cette même pente à la bienfaisance

qui le fit concourir, sans le savoir, au renvoi de son ami Turgot. Il y avait alors dans les antichambres de Versailles un chevalier de Maubourg, homme de mérite, mais qui, n'ayant que son nom pour patrimoine, faisait solliciter par la princesse de Tingry une pension sur le trésor royal, que les exagérateurs du tems faisaient monter à la somme exorbitante de quarante mille francs. Turgot, qui ne croyait qu'à la noblesse de services, rejeta le placet avec une sorte d'indignation. La princesse court à l'instant chez Malesherbes, ne lui parle point de sa visite au contrôleur général, et lui expose d'une manière si touchante l'infortune de son protégé, qu'elle le détermine à en parler en droiture au roi. Louis XVI signa en effet le bon; Turgot, instruit de tant de faiblesse, alla tonner chez le comte de Maurepas contre une prodigalité aussi insensée, menaça la France d'une banqueroute, et accéléra ainsi, par son inflexibilité romaine, le moment de sa disgrace.

~~~~~~~~~~~~~~~~~~~~~~~~~~~~~~~~~~~~~

## D'UNE LETTRE IMAGINAIRE

### ÉCRITE

## PAR LOUIS XVI A MALESHERBES.

---

Il y a deux manières de porter atteinte à la mémoire des hommes célèbres : l'une est de les attaquer avec l'arme ordinaire de la satire ; l'autre est d'affaiblir leurs titres à la reconnaissance publique, par des panégyriques controuvés, que l'histoire désavoue. Je mets dans le rang de ces derniers délits, une lettre prêtée à Louis XVI, pour détourner Malesherbes du dessein de se retirer du Ministère. Cette lettre, lue peut-être avec quelque intérêt dans une brochure oubliée, me semble un des plus absurdes *mensonges imprimés*, pour me servir de l'expression de Voltaire, dont on ait, depuis trois siècles, infesté notre littérature : je vais la parcourir un moment avec l'œil de la critique, pour

venger l'infortuné monarque, son digne Ministre, et la majesté sainte de l'histoire.

« Je n'ai pu, dit le faux Louis XVI,
« vous exprimer assez, mon cher Males-
« herbes, tout le déplaisir que me causait
« votre résolution bien prononcée de vous
« démettre de votre département; mainte-
« nant que j'ai réfléchi avec quelque matu-
« rité sur cet objet, je vais vous parler à cœur
« ouvert, et je transmets mes idées sur le
« papier, pour qu'elles ne s'échappent point
« de ma mémoire. »

Les personnes qui ont vu de près le dernier et le plus infortuné de nos rois, savent
que de longues lettres pesaient singulièrement à sa timidité; il n'écrivait que de petits
billets, encore très rarement; et ces billets
en style négligé, et quelquefois sans orthographe, annonçaient qu'il aimait mieux faire
bien ou mal son métier de roi, que de lutter
sans succès avec César et Frédéric-le-Grand,
pour faire celui des gens de lettres.

Ce préambule littéraire, n'a donc rien

qui caractérise la main royale de Louis
XVI.

« Entouré, comme je le suis, d'hommes
« qui ont intérêt à égarer mes principes, à
« empêcher que l'opinion publique ne par-
« vienne jusqu'à moi ; il est de la plus haute
« importance pour la prospérité de mon règne,
« que mes yeux de tems en tems se reposent
« avec satisfaction sur quelques sages de mon
« choix, que je puisse appeler les amis de
« mon cœur, et qui m'avertissent de mes erreurs,
« avant qu'elles aient influé sur la destinée
« de vingt-cinq millions d'hommes. »

Si Louis XVI sait qu'il est *entouré d'hommes intéressés à égarer ses principes*,
comment les conserve-t-il à sa cour, les in-
troduit-il dans son Conseil, leur donne-t-il des
Ministères ? S'il ne fait que le présumer,
pourquoi instruit-il Malesherbes du secret de
sa faiblesse ?

Le rhéteur, qui a fabriqué cette lettre,
parle de *Sages du choix* du monarque, sur
lesquels ses yeux ont besoin de se reposer :

mais Louis XVI, ainsi que l'attestent tous
les mémoires du tems, ne choisit point lui-
même le *Sage* de la Cour des Aides ; il ne
fit que suivre l'impulsion qui lui était donnée
par le vertueux Turgot et l'insouciant Maurepas : au reste il faut encore savoir gré aux
princes, quand ils ne font le bien que par
faiblesse.

Il est inutile de faire remarquer, combien il
est absurde de faire découler de la plume d'un
prince modeste, et dont toutes les vertus ne
sortaient que de son cœur, cette phrase à
prétention, qui serait déplacée dans les *Pensées*
même de Marc-Aurèle : *Il faut que mes
yeux se reposent sur des sages..... amis de
mon cœur, qui m'avertissent de mes erreurs,
avant qu'elles aient influé sur la destinée
de vingt-cinq millions d'hommes.*

« Vous êtes, avec le sage Maurepas et l'in-
« trépide Turgot, l'homme de mon royaume,
« qui avez le plus de titres à ma confiance,
« et il ne faut pas faire entendre à nos enne-
« mis communs, que vous êtes sur le point

« de la perdre, lorsque vous ne l'avez jamais
« mieux méritée. »

Ici s'est glissé un anachronisme, qui porte
sur cette lettre le cachet de la fausseté.

Louis XVI, à son avènement, cherchant,
comme l'on sait, un mentor loin de sa cour,
crut le trouver dans Machault, et, sur les insinuations de la princesse Adélaïde, changea
l'adresse de la lettre, où il l'appelait auprès
de lui, pour y substituer le nom de Maurepas :
alors ce dernier semblait, à la maturité de
l'âge, joindre celle de la raison ; le jeune
monarque pouvait l'appeler un *sage*, ne
fût-ce que pour l'inviter à le devenir ; mais
depuis long-tems le bandeau était tombé des
yeux du prince, il ne voyait plus que de la
frivolité, où il avait trouvé des graces, et
de l'insouciance, où il avait cru rencontrer
de l'abandon pour sa personne ; il le conservait par habitude et ne l'estimait que ce
qu'il valait, c'est-à-dire comme un homme
qui voulait le bien sans savoir l'opérer, et
qui croyait apprendre à son maître l'art de

gouverner, quand il arrachait dans ses mains les épines du gouvernement.

Turgot, depuis son installation au Ministère avait aussi subi une étrange métamorphose : Louis, qui l'avait quelque tems appelé *l'intrépide*, depuis la conjuration universelle de la cour contre lui, ne semblait plus le traiter que *d'obstiné* ; son courage à ses yeux n'était plus que de l'audace, et sa philosophie vigoureuse de la pente à l'insurrection.

Il faut avouer que le fabricateur de lettres royales prenait mal son tems, que de choisir l'époque du renvoi de Turgot et de la position chancelante de Maurepas, pour faire dire au roi qu'ils étaient, avec Malesherbes, *les hommes de son royaume qui avaient le plus de droit à sa confiance.*

Tout le monde sait que le succès de la conjuration, ourdie contre le célèbre contrôleur-général, ne tint qu'à un fil : ce Ministre avait un reste d'ascendant sur l'esprit du monarque ; il venait de réussir à ôter à Sartine le département de la marine : s'il avait su louvoyer dans

9

une mer aussi sujette aux tempêtes que la Cour de Versailles ; s'il n'avait pas voulu conquérir en un jour ce qu'il pouvait obtenir de quelques mois d'adresse , la scène changeait , et Maurepas , qui le perdit , était lui-même renvoyé.

Il est certain qu'à l'époque où cette lettre est censée écrite, Turgot n'avait pas la confiance de Louis XVI , et que Maurepas cessait de la mériter ; ainsi l'anachronisme est mathématiquement prouvé , et je ne continue l'examen du faux , que pour avoir occasion de jeter quelques lumières sur l'esprit de la Cour du monarque, lors de l'abandon de Malesherbes.

« Lorsque Maurepas m'eut présenté votre « nom , comme un de ceux qui étaient les « plus faits pour donner du poids à mes pro- « jets de bienfaisance , j'étudiai en silence « votre vie publique et privée , et je vis que je « serais peut-être plus heureux de vous offrir « une grande place, que vous de la recevoir. »

Voici une nouvelle contradiction dans la lettre : nous avons vu, dans un des paragraphes précédens, que Malesherbes était un *sage du choix* du monarque, et ici il n'est présenté que comme un philantrope du choix de Maurepas.

« Ma Cour des Aides était, avant votre « première présidence, une compagnie assez « mal organisée, qui se laissait soudoyer par « les financiers dont on lui avait donné la « surveillance; jamais un contrôleur-général « ne la trouvait en opposition, quand il lui « présentait des édits bursaux odieux : vous « êtes venu, mon cher Malesherbes, vous « avez purgé ce corps des membres qui le « déshonoraient, et, d'après son institution « primitive, il est devenu l'asile de l'indigent « et de l'opprimé. »

On ne revient pas de son étonnement, quand on voit un roi juste et bon, calomnier, et sans preuve, une de ses Cours Souveraines, pour ajouter à l'éloge d'un Ministre qu'il disgracie; si une pareille lettre avait pu être écrite, la postérité, aliénée un moment par l'erreur cruelle de Louis, aurait moins de larmes à verser sur son supplice.

Il est certain que jamais la Cour des Aides, n'a été composée d'élémens plus homogènes que lorsqu'elle a été présidée par Malesherbes : mais on ne trouve aucune époque antérieure dans l'histoire de cette compagnie, où elle se soit laissé soudoyer par l'or des Traitans, où elle ait enregistré sans réclamation des édits bursaux odieux : si elle avait été capable de ces délits, en 1750, Malesherbes, qui vint la présider, ne devait pas se contenter de la *purger*, il devait faire intervenir l'autorité royale pour l'anéantir.

« La nature vous avait donné une ame
« républicaine, et vous l'avez transmise à
« votre Cour des Aides, du moins j'en juge
« par les remontrances vigoureuses que vous
« lui avez dictées, et que j'ai placées dans
« ma bibliothèque choisie, entre les Catili-
« naires de Cicéron et les Philippiques de
« Démosthène. Je ne suis pas encore bien sûr,
« qu'il soit utile de jeter des maximes ré-
« publicaines au travers d'une constitution

« monarchiqae, que tant de mécontens ont
« intérêt à ébranler ; mais vos remontrances
« respiraient le bien public : elles m'éclairaient
« sur des désordres, que ma cour et mes Mi-
« nistres conspiraient à me cacher, et je ne
« les ai considérées que sous ce point de vue :
« alors, malgré quelques principes, qui ne
« pouvaient avoir mon assentiment, j'ai ap-
« plaudi intérieurement à votre courage, et
« j'ai senti que vous aviez des droits à ma
« reconnaissance.

Il y a ici presque autant d'erreurs ou du moins
d'invraisemblances que de mots. Est-ce bien
en 1776, quinze ans avant la révolution,
que Louis XVI a pu parler d'idées républicaines ? Que signifient, dans sa bouche, des
*remontrances* louées comme *vigoureuses*,
quand, l'année précédente, il avait retenu arbitrairement dans Versailles la minute de
celles que la Cour des Aides venait lui présenter ? Y a-t-il beaucoup de convenance à
faire dire à ce prince, qui n'a guères lu
d'auteurs classiques que dans les pénibles loi-

sirs de sa prison du Temple, qu'il a placé
les remontrances *républicaines* de Malesherbes, dans sa bibliothèque, *entre les Catilinai-*
*res de Cicéron et les Philippiques de Démos-*
*thène?*

Il est vrai que le rhéteur ajoute, comme
un correctif à la singularité de son paradoxe,
qu'il ne voit pas l'utilité *de jeter des maxi-*
*mes républicaines, au travers d'une cons-*
*titution monarchique, que tant de mécon-*
*tens ont intérêt à ébranler ;* mais cet amen-
dement même est une nouvelle preuve de
l'absence de son goût, car il conduit à dé-
montrer que l'ouvrage remis à Louis XVI
a été composé après sa mort, c'est-à-dire,
lorsque la constitution royale avait été anéan-
tie par celle des Démagogues.

« Nos entrevues, où Maurepas était en tiers
« pour nous juger tous deux , ajoutèrent à
« mon estime, et je vous donnai le Départe-
« ment de ma Maison , vacant par la démis-
« sion de la Vrillière : vous balançâtes long-
« tems à venir respirer à ma Cour un air

« qui convenait peu à la touchante simpli-
« cité de vos mœurs ; mais Turgot vous fit
« entendre qu'il ne pouvait, sans vous, opérer
« un bien durable ; il vous décida, et je l'en
« estimai davantage.

« Vous avez commencé votre Ministère
« avec une vigueur qui ne contrariait point
« mes principes. On se plaignait des lettres
« de cachet, dont votre prédécesseur dispo-
« sait au gré de ses favorites, et vous
« avez refusé d'en faire usage. La Bastille
« regorgeait de prisonniers, qui, après plu-
« sieurs années de détention, ignoraient quel-
« quefois leur crime ; et vous avez rendu à
« la liberté tous les hommes à qui on ne
« reprochait que d'avoir déplu à un Ministre
« en faveur, et tous les coupables qui avaient
« été trop punis. »

A l'exception de la manière leste avec
laquelle le rhéteur nomme, sans titre anté-
rieur et sans épithète, la Vrillière, Turgot
et Maurepas, ce qui d'ailleurs n'a rien de
royal, ces deux paragraphes n'offrent que

l'histoire des premiers événemens de la vie
ministérielle de Malesherbes, événemens qui,
étant aussi connus de celui qui écrit la lettre,
que de celui qui la reçoit, ne devaient jamais
être l'objet d'une pareille correspondance :
on voit que, comme dans les tragédies mal
faites, l'auteur parle sans cesse ici au lieu
de son personnage.

« Votre surveillance s'est portée ensuite sur
« la réforme de ma Maison, et c'est ici que
« vous avez trouvé des obstacles, qu'il eût
« peut-être été de votre sagesse de moins cher-
« cher à vaincre qu'à éluder. Ma Maison,
« je le sais, est trop nombreuse ; les hono-
« raires de mes officiers sont trop forts ; les
« pensions de retraite sont trop dispendieuses ;
« l'éclat que sa magnificence fait rejaillir sur
« ma couronne ne compense pas le tort qui
« en résulte dans la sage administration de
« mes finances. Mais le moment n'est pas venu
« de faire en ce genre tout le bien possible ;
« la nation n'est pas assez mûre pour soute-
« nir sans danger toute espèce de réforme.

« Vous avez été témoin du soulèvement géné-
« ral que votre projet a causé ; mes serviteurs
« les plus fidèles en ont conçu des alarmes ;
« ils ont appréhendé que le mécontentement
« n'entraînât des troubles, pareils à ceux de la
« Ligue et de la Fronde, et alors j'ai été obligé
« de renvoyer à des tems plus heureux le
« moment si cher à mon cœur, où, bannis-
« sant une vaine pompe qui me fatigue, je
« n'aurai plus d'autre Maison que les hommes
« de bien tels que vous, qui m'entourent, et
« pour Gardes les cœurs de vingt-cinq mil-
« lions d'hommes. »

Ce morceau n'est encore qu'une froide leçon
d'un cours d'histoire. On y commence par faire
répéter au monarque ce que lui disait sans
cesse M. Turgot, pour l'engager à réformer
sa Maison ; et, par une bizarrerie inexplica-
ble, on le lui fait répéter avec une sorte d'assentiment au moment où il le disgracie : les
objections viennent ensuite, et sont encore
copiées des pamphlets, dirigés contre le contrôleur-général et ses vertueux paradoxes. Pour

la fin du paragraphe, elle est évidemment transcrite des sermons philosophiques de *Bélisaire*, qui pouvaient, sous la plume de Marmontel, s'adresser à Justinien, mais non arriver, par l'intermède d'un rhéteur, à celle de Louis XVI.

« C'est dans cette circonstance orageuse,
« mon cher Malesherbes, que vous me de-
« mandez votre retraite; non, je ne vous l'ac-
« corderai pas; vous êtes trop nécessaire à mon
« service; et quand vous aurez lu cette lettre
« en entier, je connais assez votre cœur sen-
« sible pour croire que vous cesserez de l'exiger.

« D'ailleurs ce n'est pas au moment que
« vous êtes obligé de céder aux circonstan-
« ces, qu'il convient que vous donniez votre
« démission, la Cour vous croirait en dis-
« grace; et ce mot, quand il s'agit d'un sujet
« aussi recommandable que vous, ne doit
« jamais m'échapper.

« Je vous attends demain matin chez Mau-
« repas : comptez sur mon estime et sur mon
« amitié. »                               LOUIS.

Un habile faussaire aurait renfermé sa lettre entière dans ces trois phrases ; du moins elles sont dans le style qui convient au sujet ; le mot : *La Cour vous croirait en disgrace*, quoi qu'il rappelle celui de Henri IV : *Relevez-vous, Rosny ; on croirait que je vous pardonne*, est très-beau, et Louis XVI a pu le prononcer.

On voit que l'auteur de cette lettre n'est point un écrivain ordinaire ; mais il n'en est que plus dangereux, parce qu'il tend avec son esprit un piége à la crédulité. Qu'importe qu'ensuite le goût vienne éventer ce piége ? le mal est fait, et il faut une génération pour le réparer.

# NOUVEAUX DÉTAILS

## SUR

# LE PERSONNEL ET LA VIE PRIVÉE

# DE MALESHERBES.

POURQUOI, quand un homme vraiment grand a vécu avec nous, nous surprenons-nous quelquefois à quitter la scène publique où il a déployé ses talens, pour le suivre avec un charme inexprimable dans l'intérieur de sa famille? C'est que l'idée d'avoir avec lui quelque point de contact sourit à notre vanité; ce qui semble le rabaisser nous relève: en partageant ses faiblesses, nous croyons franchir l'intervalle qui nous sépare de sa supériorité.

Malesherbes, comme Phocion son modèle, n'avait rien de distingué dans sa personne. Il avait acquis peu à peu, en ne s'observant

pas sur le manger, un embonpoint qui ca-
ractérisait plus un financier de l'ancien régime qu'un magistrat ; non que sa grande
ame mît au nombre des jouissances les orgies des grands repas, mais par piété filiale
il s'était habitué de bonne heure à tenir tête
au chancelier de Lamoignon son père, connu
pour son appétit désordonné ; et quand il
avait mangé par besoin, il mangeait encore
par distraction, en causant avec ses amis.
Mais quoique à cet égard il s'endormît un
peu, comme Montagne, sur l'oreiller de l'insouciance, son tempérament robuste lui sau-
vait toujours les nuages de la pensée et les
indigestions.

Sa vue était basse, et il la détériora encore par l'usage prolongé de la lecture, sur-
tout pendant la nuit. L'organe, à l'époque de
la révolution, s'était tellement affaibli, qu'il
en avait contracté un clignotement avant-
coureur de la cécité. S'il vivait aujourd'hui,
comme la nature, plus bienfaisante que les
hommes, semblait l'y inviter, il ne verrait

plus tout ce qui lui était cher qu'avec les yeux de l'entendement.

Les hommes frivoles qui jugeaient cet homme rare pour l'avoir entretenu une fois, l'accusaient d'un défaut d'organisation physique dans l'usage de la parole, et ils se trompaient. Malesherbes, dans le cours ordinaire de la conversation, lorsque sa pensée était calme comme son visage, parlait avec aisance, et avec un choix d'expressions qui annonçait un goût cultivé; mais, dans des circonstances assez rares, lorsqu'emporté hors de lui-même par une discussion philantropique, ses idées se pressaient dans son entendement, les mots qui les exprimaient arrivaient avec peine, et alors il en résultait une sorte de bredouillement, qui n'avait cependant rien de trop désagréable. Une minute de silence le rendait à son état naturel, et il redevenait orateur, comme Gerbier ou d'Aguesseau.

Malesherbes connaissait parfaitement, non ces convenances factices de la société, qui

tendent à donner le même masque à tous les
hommes qui y jouent un rôle, mais ces égards
qui viennent du sentiment et qui empêchent
l'amitié de s'altérer, lors même qu'on abuse
de son indulgence. Il lui arrivait quelquefois
de dire des choses très-vives à l'homme qu'il
aimait le plus, quand celui-ci blessait quelque grande bienséance ; mais bientôt reve-
nant à la tolérance, qui semblait innée en
lui, il guérissait la petite blessure qu'il venait de faire à la sensibilité, en se citant pour
exemple : « Ne vous alarmez pas, disait-il, je
« suis tombé plus d'une fois dans la même
« faute, et je n'étais pas fâché qu'un ami
« sévère m'en fît appercevoir. »

Par une suite de cette heureuse organisation, Malesherbes était singulièrement ex-
pansif. Quand il rencontrait dans la société
un jeune homme qui promettait de se faire
un nom dans les lettres, il se plaisait à fé-
conder son entendement par des idées pri-
mordiales. Quelquefois on lui reprochait
cette espèce d'abandon de lui-même : « Que

« voulez-vous, disait-il, j'aime, comme Leib-
« nitz, à voir croître dans les jardins d'autrui
« des plantes dont j'ai semé les germes. »

Il était, comme j'ai déjà eu plus d'une fois
l'occasion de l'observer, le plus modeste des
hommes à grand caractère; cette défiance de
soi-même constituait même sa vertu dominante. Cependant il ne faudrait pas s'imagi-
ner que le sentiment intérieur ne l'avertît
jamais de ses forces; je trouve à ce sujet une
anecdote assez singulière dans le manuscrit
qui est dédié à la mémoire de Malesherbes.
L'auteur était dans la terre de ce grand
homme en 1782, et y étudiait avec soin tous
les phénomènes d'histoire naturelle : « Il me
« semble, lui dit un jour l'illustre solitaire,
« que vous observez avec intention, et ce
« château et le maître qui l'habite : on dirait
« que vous vous proposez de peindre l'un et
« de décrire l'autre : remarquez bien que nous
« sommes tous ici de bonnes gens; et, s'il vous
« prend envie d'esquisser mon portrait, n'ou-
« bliez pas d'en remettre une copie à Con-

« dorcet, quand il fera mon éloge à l'Aca-
« démie. »

Malesherbes était bon fils, bon père et
bon époux, et il trouva par-tout du retour :
cependant sa vie intérieure ne fut pas toujours
exempte de nuages ; le despotisme du chancelier de Lamoignon tourmenta plus d'une
fois sa sensibilité : elle fut mise à une épreuve
bien plus forte encore, par l'événement tragique qui arriva à sa femme, et qui a laissé
pendant tout le cours de sa vie une trace
sinistre dans sa mémoire.

Il avait épousé, dans la force de l'âge, ma-
demoiselle de la Reynière. Celle-ci, née avec
une imagination vive, et une grande sensibilité qui dégénérait souvent en maladie de
nerfs, aimait à chasser dans sa terre, et tuait
les oiseaux au vol, avec une adresse dont les
gardes-chasse eux-mêmes se seraient honorés :
le fusil, dont sa main s'énorgueillissait, ne servit un jour que trop bien sa tête égarée par
des vapeurs. Elle attacha, avec un sang froid
apparent, cet instrument de mort par le moyen

d'un double ruban, dont l'un touchait à la détente, tandis que l'autre appuyait le canon sur son sein : le coup partit et elle se tua.

En général, ce sont les vertus domestiques du moderne Phocion, sa douce tolérance, son oubli raisonné des injures, son incomparable modestie, qui, en jetant une teinte douce sur ses grands talens, lui ont attiré la vénération des hommes d'état même, dont son génie éclairait la nullité. Aussi est-il à remarquer que personne peut-être n'a joui, de son vivant, d'une plus grande masse de réputation. La voix publique, à cet égard, a été étouffée pendant nos orages révolutionnaires ; mais, dès qu'elle a pu se faire entendre, elle a éclaté avec la plus grande force : je n'en veux citer qu'un trait, et je ne l'irai chercher ni dans les livres du tems, consacrés d'ordinaire à l'abjection, ni à la tribune impuissante du corps législatif, mais à l'humble théâtre du Vaudeville.

J'étais, au commencement de l'an 1800, à la première représentation de *Monsieur*

*Guillaume ;* on sait que c'est le nom que
le modeste Malesherbes prenait dans ses
voyages ; on lui avait donné, sur la scène ,
cette touchante bonhommie , avec laquelle il
gagnait tous les cœurs , et qui , dans cette
occasion , frappa d'autant plus un cercle de
spectateurs d'élite , qu'elle s'unissait avec
l'image de son supplice, et par conséquent
de son immortalité. Tel fut l'effet de ce contraste universellement senti , que les larmes
vinrent mouiller les yeux de tout le monde ,
et retardèrent quelques minutes les applaudis-
semens : j'avoue que jamais je n'éprouvai une
émotion plus délicieuse aux chefs-d'œuvres
du théâtre, à Polyeucte, à Zaïre et à Iphigénie.

Cependant une réflexion , heureusement
un peu tardive , vint gâter un peu ma jouissance : l'auteur de la comédie s'était avisé
de mettre des couplets dans la bouche de
Malesherbes, ce qui était, dans cette occasion , la plus absurde des dissonnances; tout
le monde sait que cet illustre infortuné ,
non seulement ne chanta jamais, mais encore

avait pour la musique la plus forte antipathie : on a dit, il est vrai, que, dans sa vieillesse, il avait paru se réconcilier un peu avec l'art de Sacchini et de Pergolèse ; mais cette réconciliation n'était qu'une nouvelle injure : un de ses amis exécutait en sa présence un morceau d'harmonie, et Malesherbes écoutait avec un calme apparent : *En effet*, dit ce dernier, *je crois que la musique opère sur moi un peu plus qu'autrefois : je ne m'en fuis plus, mais je dors.*

Il faut espérer qu'en ce moment, où la sagesse du Gouvernement consulaire permet à la reconnaissance publique tout son essor, il se trouvera quelque plume distinguée qui s'emparera de *Monsieur Guillaume*, et le transportera sur la scène française ; alors le plaisir de l'auditoire sera pur et sans mélange ; des larmes pareilles à celles que provoquait Racine couleront, et ces larmes délicieuses, en rappelant d'âge en âge les talens et les malheurs de Malesherbes, prépareront son apothéose.

## PARALLÈLE ET ANALYSE

### DE TROIS OUVRAGES CÉLÈBRES

## SUR LES PROTESTANS,

#### QU'A FAIT NAÎTRE

La Tolérance raisonnée de MALESHERBES.

TROIS plumes distinguées s'exercèrent, dans l'intervalle de 1785 à 1788, sur la question infiniment délicate de l'état civil des protes-tans : les ouvrages qu'elles produisirent par-tagèrent tellement les esprits, que le Conseil d'état n'osa décider ; depuis, la révolution est venue, et ces mêmes protestans y ont joué un si grand rôle, qu'on les en a crus les agens primitifs ; ces considérations m'enga-gent à donner quelque étendue à ce cha-pitre, ainsi qu'à celui qui doit le suivre : il ne faut point effleurer un sujet qui, à quelques égards, tient à la destinée de trente millions d'hommes.

Le premier chevalier français qui, descendu dans l'arène, jeta le gant à tous les guerriers de l'intolérance, est l'illustre Malesherbes.

J'ai parlé ci-devant de l'esprit de mesure et de sagesse, avec lequel ses deux *Mémoires sur le mariage des protestans* sont écrits, du plan qu'il y présente, d'opérer une réforme tutélaire sans secousses, du style attachant dans sa noblesse, et simple dans sa dignité, qui en fait le caractère ; mais les vues générales ne sont point une analyse, et il en faut une pour mettre les lecteurs à portée de prononcer, sur une des plus belles questions qu'on puisse porter devant les aréopages de l'Europe.

Le premier mémoire, qui porte la date de 1785, donne un démenti formel à tous les écrivains, qui ont cru que l'idée fatale de la révocation de l'édit de Nantes était née de la tête fanatique de Louis XIV, et qui, par suite de ce paradoxe, ont fait un second

Charles IX du monarque, qui a soutenu
avec le plus de gloire la couronne de Charlemagne.

L'illustre auteur était armé de toutes pièces
quand il se présenta au combat; il avait lu
le manuscrit authentique des *Mémoires* écrits
par Louis XIV lui-même, sur les dix premières années de son gouvernement : il avait
éclairé de l'esprit primitif de ces mémoires, les
arrêts du Conseil un peu contradictoires, qu'on
avait arrachés à ce prince, jusqu'au moment
peu digne de lui, où il laissa languir sa vieillesse entre le jésuite Letellier et la dévote
Maintenon ; il avait joint à ces matériaux, des
papiers de famille du plus grand poids, et
sur-tout un manuscrit plein de recherches,
de lumières et de raison, de l'ancien procu-
reur général Joly de Fleury, qu'on voit imprimé à la suite de son propre mémoire.

Après avoir ainsi lavé, autant qu'il était
en lui, le grand nom de Louis XIV, de la
tache que lui imprimait l'espèce de mort civile,
prononcée à jamais contre les familles protes-

tantes, Malesherbes jette un coup d'œil rapide sur le long règne de Louis XV, qu'on pourrait appeler, à quelques égards, une longue inaction ; et il démontre que le cardinal de Fleury, le chancelier d'Aguesseau, et tous les bons esprits qui se succédèrent dans les Ministères, avaient dans l'ame la tolérance raisonnée de Louis XIV, et que, s'ils n'en firent pas la base de leur législation, c'est qu'ils craignirent l'opposition des Cours Souveraines du royaume, et les anathêmes du Clergé.

Malesherbes, après avoir ainsi nettoyé le champ où il veut bâtir, pose ses principes : ils ne sont qu'au nombre de trois, et il faut les transcrire pour faire connaître l'esprit de tout l'ouvrage.

« 1° Il est nécessaire de donner aux pro-
« testans, sujets du roi, un état civil et les
« droits communs de tous les citoyens ; celui
« de jouir tranquillement de leurs biens, et
« de transmettre leur nom et leur succession
« à leurs enfans.

« 2° Les hérétiques ne doivent être qu'une
« secte dans l'église, et non un parti dans
« l'Etat.

« 3° En donnant aux sujets du roi non
« catholiques un état civil certain, ce qui est
« de justice, le roi peut, sans injustice, em-
« ployer les moyens de grace et de faveur
« pour attirer les hérétiques à la religion ca-
« tholique. »

Le second mémoire de Malesherbes, qui
porte la date de 1787, est le développement
du premier; mais il présente une discussion
plus approfondie, une logique plus serrée,
et peut-être moins de réserve dans l'expression de la philantropie : deux chapitres for-
ment sa division.

Dans l'un, on discute si, pour détruire le
germe de toutes les discordes politiques et religieuses, il suffit de laisser tomber en désué-
tude les lois immorales qui font des bâtards,
des enfans protestans issus de mariages légitimes, ou s'il faut que le Souverain prononce,
par une déclaration expresse et solennelle, sur

cette espèce d'outrage fait aux premiers principes de l'ordre social : on se doute bien que
Malesherbes, incapable de faire suivre à l'esprit humain une marche rétrograde, conclut
à la promulgation de la nouvelle loi.

Le second chapitre est consacré à établir
les principes de cette loi réparatrice. Malesherbes, attaché en qualité de magistrat à ces
formes tutélaires qui protégent la liberté publique, même dans les états absolus, ne veut
point, qu'imprimant le sceau de l'ignominie
sur cent ans d'une jurisprudence arbitraire,
on abroge tout ce qu'ont fait Louis XIV et
Louis XV, pour arriver tout d'un coup à
l'édit de Nantes ; tous ces pas, en sens contraire, qu'on fait faire à l'autorité, invitent
à la méconnaître. Il y a, pour la saine politique, un milieu à prendre entre la sanction
d'une mauvaise loi, et un retour trop violent
aux principes, qui pourrait devenir le germe
d'une insurrection.

D'ailleurs l'édit de Nantes, en lui-même,
n'était qu'un remède palliatif, appliqué pro-

visoirement par Henri IV, sur une blessure
de l'état qui saignait encore : jamais ce grand
monarque, ni Sully, l'ame de son beau règne,
ne songèrent à en faire une loi fondamentale
de la monarchie ; et voilà ce qui explique
les atteintes successives données à cet édit,
par Louis XIII et par Louis XIV, jusqu'à
ce qu'en 1685, il fût solennellement révoqué.

Malesherbes résout, de la manière la plus
ingénieuse, ce beau problême ; il trouve le
remède dans le mal même, et veut que les
détails de la nouvelle loi soient puisés dans
les édits intolérans de Louis XIV.

Malesherbes, pressentant que sa cause serait gagnée au tribunal de l'opinion publique, si elle ne l'était pas au Conseil de
Louis XVI, va plus loin encore ; il veut que
sa loi embrasse sous son ombre tutélaire,
non seulement les protestans, mais encore
les juifs, les anabaptistes, les quakers, les
mahométans et les idolâtres des deux mondes. Il était tout simple, en effet, que l'ordre
social, devant une protection égale à tout

individu qui ne la trouble pas, il n'y eût
pas une distinction offensante entre ceux qui
admettaient divers modes d'adorer Dieu, et
qu'il fût permis de respirer, sous les mêmes
lois, à tous les enfans bien ou mal organisés,
qui voyaient un père dans l'architecte de la
nature.

Ce bel ouvrage de Malesherbes fit, comme
j'ai déjà eu occasion de l'observer, une grande
sensation en France : il en fit d'autant plus,
que déjà commençaient à se développer les
germes de cet esprit insurrecteur, qui amena
quelque tems après la dissolution de la monarchie.

Tout livre qui a droit à la célébrité est
de nature à en faire naître d'autres : celui
de Malesherbes produisit une critique véhé-
mente, qui parut en 1787, et une apologie
déguisée, qui porte la date de 1788.

L'apologie, par laquelle je dois commencer, car l'ordre des idées précède celui des
dates, a pour titre, *Eclaircissemens historiques sur les causes de la révocation de*

l'édit de Nantes, et sur l'état des protestans en France, depuis le commencement
du règne de Louis XIV : l'auteur est Rhulières, l'un des quarante de l'Académie française, déjà connu avantageusement par un
petit poème des Disputes, que Voltaire adopta
dans sa petite encyclopédie, et par une histoire de la conjuration qui donna le trône
de la Russie à Catherine II ; histoire que
l'adulation contemporaine compara aux deux
ouvrages de Salluste, mais qui, appréciée
aujourd'hui, soit du côté du style, soit du
côté de la véracité, ne semble qu'un pendant des romans de conjuration de l'abbé de
Saint-Réal.

L'ouvrage de Rhulières sur les protestans
est bien supérieur à la conjuration de Russie,
soit par la pureté des sources où l'auteur a
puisé, soit par la sagesse de son style, soit
par son étonnante impartialité.

Rhulières était l'ami du baron de Breteuil,
alors Ministre de la Maison du roi ; et ce fut
sous ses auspices qu'il se fit ouvrir toutes les

bibliothèques publiques , et qu'il compulsa les archives les plus secrètes du Gouvernement.

Parmi ces matériaux précieux , était le fameux manuscrit de Louis XIV , que lui indiqua Malesherbes, et qu'on a vu imprimé de nos jours par des ennemis des protestans, avec la plus perverse infidélité : Rhulières apprit, à cette époque, l'authenticité de cet ouvrage par un mot tiré du panégyrique de ce monarque , par Pelisson : *Louis XIV mit par écrit, pour le dauphin son fils , et de sa main , les secrets de la royauté ;* et il s'en convainquit encore mieux à l'inspection du manuscrit même , dont tous les sommaires étaient de son écriture : on sait d'ailleurs que ce monument précieux de la sagesse du prince fut remis par lui-même, peu de jours avant sa mort, au maréchal de Noailles , qui le déposa à la bibliothèque du roi.

Le livre des *Éclaircissemens* forme deux volumes *in*-8°. , publiés à quelque distance l'un de l'autre ; il est écrit d'une manière si

impartiale, qu'on ne sait, après en avoir
achevé la lecture, si l'auteur était catholique
ou protestant : j'ai quelque raison de croire
qu'il n'était au fond ni l'un, ni l'autre, ou
que du moins, s'il était protestant, il ne l'était
qu'à la façon de Bayle, qui *protestait* contre
toutes les religions émanées des hommes.

On voit que l'auteur, dans le premier volume, n'a pour but que de justifier tacitement
Malesherbes ; mais, pour ne point irriter des
hommes jaloux qui étaient en faveur, il
part d'une autre route pour arriver aux
mêmes résultats.

A le croire, la révocation de l'édit de
Nantes ne fut point le résultat d'une conjuration ourdie entre le gouvernement et le
sacerdoce, pour réduire la législation politique à un seul code, et les diverses croyances
religieuses au symbole d'une seule église ; les
déchiremens intérieurs, produits par la loi
désastreuse de 1685, furent un résultat non
prévu, amené par une série d'événemens
qui se croisaient, par l'opiniâtreté de deux

partis qui s'étaient juré une guerre à mort,
tout en s'enveloppant du manteau du bien
public, en prêchant l'évangile d'un Dieu de
paix, et en flattant le monarque sur son siècle
de Périclès et sur ses victoires.

Rhulières atteste comme Malesherbes, son
guide, que Louis XIV, avec son esprit juste,
et ses grands principes sur l'art de régner,
n'était point l'ami de l'intolérance ; mais on
lui en imposa avec un art perfide, sur le
danger de laisser subsister deux autels, dans
un état ou il n'y avait qu'un trône : Maintenon et Louvois, qui voulaient tous deux tenir
ce monarque en tutelle, se liguèrent pour lui
fasciner les yeux, et l'édit de Henry IV fut
révoqué.

On ne peut contester qu'alors il n'y eût en
effet un germe de discordes éternelles entre les
têtes exaltées du Clergé catholique et celles
du Ministère protestant ; les prédicateurs de
Luther et de Calvin déclaraient dans leurs
Synodes que le pape était l'Antechrist, et que
la Religion Romaine représentait la prostituée

de Babylone : les Orateurs catholiques de leur côté , rendant pieusement injure pour injure , donnaient aux patriarches des religionnaires le nom de portes d'Enfer , et à leurs épouses légitimes celui de concubines de Béelzébuth ; toutes ces aménités théologiques n'étaient pas faites pour amener les fidèles de la religion Romaine à la réforme, et les brebis égarées parmi les dissidens au giron de l'église.

D'un autre côté , l'idée favorite de Malesherbes, que Louis XIV , en révoquant l'édit de Nantes , n'avait été que l'instrument aveugle de l'orgueil dominateur de Louvois et de la pusillanimité ambitieuse de madame de Maintenon ; cette idée, dis-je, se confirmait par la protection soutenue que ce prince avait accordée depuis sa majorité, aux grands hommes de la religion réformée : Turenne, avant sa conversion , avait commandé ses armées : le général Schoomberg et l'amiral Duquesne, tous deux protestans , surent après ce héros rallier la victoire sous nos drapeaux;

on voyait en crédit à la Cour du monarque deux autres grands partisans de la première religion d'Henri IV, les ducs de la Force et de la Rochefoucauld.

En général, on a pu dire assez constamment de Louis XIV ce que l'antiquité a dit de Titus : que le bien, sous son règne, s'opéra par son influence, et qu'il ne se fit de mal que celui qu'il ignorait.

Louis XIV était si peu intolérant par principes, qu'en 1685 même, deux mois après la révocation de l'édit de Nantes, il envoya en Saintonge, sous le titre de missionnaire, le plus pacifique des hommes, le sensible Fénélon, pour tâcher de rétablir la concorde évangélique entre les deux églises ; celui - ci fut reçu comme un ange tutélaire : les Huguenots, en le voyant partir, fondirent en larmes : « Restez, lui disaient-ils, et nous serons « bientôt d'accord avec vous ; mais, si vous « nous quittez, il viendra, après vous, des « moines qui ne nous prêcheront que des « confréries et des indulgences, ou des dra-

« gons qui voudront nous convertir avec des
« baïonettes. »

On peut juger du bon esprit, que Louis XIV
semblait avoir inspiré à tous les agens du
gouvernement, par un mot de Basville même,
qu'on appelait, dans les mémoires du tems,
*le Roi du Languedoc :* ce fameux intendant,
dont les protestans ont fait une espèce de
Phalaris, écrivait dans une lettre adressée à
son frère, du 13 avril 1708, et dont l'original existe encore : *Je n'ai jamais été d'avis
de révoquer l'édit de Nantes.* Basville, qui
n'avait pu faire modifier cette loi terrible,
la voyant promulguée, crut qu'il était de
son devoir de la faire exécuter : l'obéissance
passive, qui vivifie la discipline militaire,
semblait alors, en politique, la première base
du Gouvernement.

Rhulières, qui a rassemblé beaucoup de
faits dans son livre, ne dissimule pas les
effets du fanatisme catholique, quand l'édit
de Nantes fut révoqué.

Il rappelle que, le jour même de la première

Saint-Barthélemi de Charles IX, on avait menacé Henri IV, en lui disant : *La messe ou
la mort.*

A la Saint - Barthélemi du Conseil de
Louis XIV, plus connue sous le nom de *Dragonnades, on s'étudiait*, suivant les mémoires
contemporains, *à trouver des tourmens qui
fussent douloureux ; sans être mortels ; et à
faire éprouver aux religionnaires tout ce
que le corps humain peut endurer sans
cesser d'être.*

L'émigration fut le plus terrible fléau de
la France à cette époque : elle dura soixante
et dix ans; le comte de Boulainvilliers la justifie,
en disant que dix mille protestans avaient
été la proie des gibets, des roues et des bû-
chers.

Jamais on n'a pu calculer d'une manière
précise l'étendue et l'intensité de cette peste
politique, qui dépeupla des provinces entières,
enleva de notre sol les arts qui le vivifient,
et paralysa par-tout le commerce et l'agriculture. Le maréchal de Noailles compte que,

sur 240 mille calvinistes qui existaient de
son tems en Languedoc, il n'y en avait plus,
quinze ans après, que 198 mille ; le seul
diocèse de Saintes perdit cent mille hommes.

Il fallait que cette émigration rendît bien
odieux le gouvernement de Louis XIV, puisque Louvois eut recours à un mensonge politique pour tenter de l'arrêter ; il fit publier
que dix mille fugitifs étaient morts en Angleterre des fatigues de l'évasion, de misère
et de faim ; et, pendant ce tems-là, la Grande
Bretagne les accueillait dans ses ports et
dans ses ateliers, et elle préparait de loin
les époques du milieu du dix-huitième siècle,
où elle nous battrait sur ses flottes avec nos
propres soldats, où elle habillerait les habitans de nos colonies conquises, avec les draps
de nos manufactures.

La dernière loi de ce code de sang, qu'on
eut l'adresse de faire signer à Louis XIV,
fut celle par laquelle on condamnait les protestans qui, sur leur lit de mort, refuseraient
les sacremens de l'église, à être traînés sur

la claie , comme des suicides ; et , dans le cas
où ils reviendraient à la vie , aux galères
perpétuelles ; les biens , dans les deux hypo-
thèses, étaient confisqués : les gouvernemens
immoraux ont de tous tems hérité de leurs
victimes.

On ne voit guères , dans ces tems de démence et de crimes, que deux hommes qui
aient constamment prêché la tolérance aux
inventeurs des Dragonnades, l'un par ses écrits
courageux , et l'autre par l'exemple de sa vie :
le maréchal de Vauban , qui eut le courage
de proposer au Gouvernement de rétracter , soit
la révocation de l'édit de Nantes , soit les
édits émanés du Conseil du roi, depuis neuf
ans , pour protéger cette loi de Dracon ; et
l'illustre Fénélon, qui , philantrope par caractère et par principes , se rendit cher aux protestans comme aux catholiques , et fut de son
vivant le seul point de réunion visible entre
les deux églises.

Le second volume de l'ouvrage de Rhulières commence par une introduction, qui

fait honneur également à ses principes et à sa plume.

« S'il existait, depuis treize cents ans, une
« nation devenue célèbre par tous les arts de
« la guerre et de la paix, dont les leçons et les
« exemples eussent policé la plus grande par-
« tie des peuples qui l'environnent, et qui
« offrît encore au monde entier le modèle
« des mœurs douces, des opinions modérées,
« des vertus sociales ; une nation, qui, la
« première, eût introduit dans la morale, et
« posé en principe de gouvernement, l'hor-
« reur de l'esclavage, qui eût déclaré libres
« les esclaves aussitôt qu'ils entrent sur ses
« frontières; et cependant si la vingtième partie
« de ses citoyens retenus par la force, et
« renfermés dans les frontières, restaient sans
« culte religieux, sans professions civiles,
« sans droits de citoyens, sans épouses quoique
« mariés, sans héritiers quoique pères; s'ils
« ne pouvaient, sans profaner publiquement la
« religion du pays, ou sans désobéir ouver-
« tement aux lois, ni naître, ni se marier,

« ni vivre, ni mourir : que dirions-nous de
« cette nation ?.... Et ne verrait-on pas une
« contradiction manifeste entre cette prétendue
« civilisation, et cette inconcevable barba-
« rie ? »

Rhulières transcrit ensuite un long mémoire de 128 pages, adressé au roi, par le
baron de Breteuil, sur la situation des calvinistes, sur les causes de cette situation ; et
sur le mode d'y remédier ; mémoire qu'on
peut juger par le style et par les vues, de l'éditeur lui-même : cet écrit n'ajoute que quelques
faits à la masse des idées déjà adoptées ; seulement on y rend un hommage éclatant
*aux grandes lumières* de Malesherbes, et
on avoue que *ce qu'il a traité avec étendue,
on est réduit à l'effleurer.*

Les sept chapitres, qui suivent le mémoire,
ne sont en général qu'une histoire très-bien
faite des crimes de l'intolérance religieuse
en France, depuis le commencement du dix-
huitième siècle, jusqu'à la paix de 1762,
qui fit tomber ces lois sanguinaires en dé-

suétude , et renversa tous les échafauds : l'auteur réfute en passant les sophismes des sectaires, et y substitue les argumens irrésistibles
de la morale et de la philantropie; mais je
ne vois rien qui soit de nature à figurer ici,
qu'un passage d'un écrit de Malesherbes , que
Rhulières connaissait seul , et qui probablement est perdu pour la patrie et pour sa
mémoire.

« J'avoue, dit l'illustre défenseur des pro-
« testans , que le chef de ces infortunés, re-
« tirés dans l'enceinte de leurs montagnes,
« que ce guerrier, qui, sans avoir jamais servi,
« se trouva un grand général , par le seul
« don de la nature , ce Camisard, qui osa
« une fois punir le crime, en présence d'une
« troupe féroce , laquelle ne subsistait que
« par des crimes semblables : ce paysan gros-
« sier, qui admis, à vingt ans, dans la
« société des gens bien élevés, en prit les
« mœurs, et s'en fit aimer et estimer ; cet
« homme, qui, accoutumé à une vie tumul-
« tueuse, et pouvant être justement enorgueil-

« de ses succès, eût assez de philosophie na-
« turelle pour jouir, pendant trente-cinq ans,
« d'une vie tranquille et privée, me paraît un
« des plus rares caractères que nous ait trans-
« mis l'histoire. »

Malesherbes et Rhulières ont tous les deux
résolu, en grands maîtres, le problème politique : Si un état peut admettre sans péril dans
son sein des partisans d'un culte étranger,
et s'il lui convient de leur laisser former une
secte dans la religion dominante, pourvu qu'ils
ne fassent pas un parti dans le gouvernement.

Rhulières offre plus de recherches, une plus
grande profusion de faits puisés dans notre
histoire; mais, sans le livre substantiel de
Malesherbes, il n'aurait jamais entrepris le
sien.

L'Académicien fourmille de traits brillants,
de portraits bien dessinés, de mouvemens oratoires : le Ministre, plus sévère, ne se permet
aucun ornement étranger à son sujet : le dernier a rempli son but, s'il n'a travaillé que

pour un Conseil d'état ; le premier, a manqué le sien, s'il a cherché des juges ailleurs que dans une Académie.

En dernière analyse, j'aime mieux lire les *Observations* de Rhulières; mais je préfèrerais d'avoir fait les *Mémoires* de Malesherbes.

Entre les deux ouvrages de Malesherbes et de Rhulières, parut avec profusion, à Paris et dans Versailles, un volume *in*-8°. , sur le sujet, mais non dans le sens des écrits dont je viens de tenter l'analyse ; il avait pour titre : *Discours à lire au Conseil, en présence du Roi, par un Ministre patriote, sur le projet d'accorder l'état civil aux protestans.* On se doute bien qu'aucun membre du Conseil d'État n'avait écrit ce *discours* , et que le mot de *Ministre patriote* n'était qu'une injure déguisée, pour faire connaître que Malesherbes ne l'était pas.

Ce discours est écrit avec beaucoup d'art, et, malgré l'esprit de parti qui le caractérise, offre de tems en tems de la logique, de la véhémence et de la vérité : quoiqu'il soit très-

rare aujourd'hui , et que la justice même contemporaine se soit exercée sur lui , en le confondant avec cette foule d'écrits polémiques,
qui meurent avec le bruit passager qu'ils excitent , il faut le tirer un moment de l'oubli ,
ne fût-ce que pour en faire un sacrifice sur
la tombe de Malesherbes.

L'auteur ingénieux , mais trop souvent
virulent, de cette diatribe, examine trois questions dans son ouvrage : Qu'avaient fait les
protestans avant la révocation de l'édit de
Nantes ? Qu'ont-ils fait depuis cette époque ?
Que feraient-ils en 1788 , si leur État civil
était sanctionné par le gouvernement ? Il me
semble infiniment piquant de suivre cet écrivain dans sa marche , non seulement pour
venger Malesherbes , qu'il attaque avec les
armes insidieuses de Sinon , mais encore pour
mettre la Nation Française à portée de résoudre un problême , qui depuis plusieurs
années occupe les esprits : savoir si la religion protestante , par la hardiesse de sa doctrine , par les innovations qu'elle autorise ,

par l'esprit turbulent des hommes, d'ailleurs très-estimables, qui en ont été les propagateurs, n'a pas préparé de loin la révolution française.

*Qu'avaient fait les protestans avant la révocation de l'édit de Nantes?* — Le prédicateur du roi Lenfant ( si du moins l'ouvrage est de lui), a ici un vaste champ pour faire l'énumération de ses victimes, pour les combattre, quand elles ne peuvent plus se défendre, et pour transmettre leurs noms, qu'il flétrit, au tribunal de l'histoire.

Les protestans, à en croire l'auteur de la diatribe, ne semblaient, dans l'origine, n'en vouloir qu'à l'autel, et ils préludèrent en France par un attentat contre le trône ; il s'agit de la fameuse conjuration d'Amboise, où il ne s'agissait de rien moins que d'éteindre la dynastie des héritiers du trône de Charlemagne.

L'amiral Coligny, en 1560, fort de la faiblesse du monarque, demanda avec hauteur l'exercice du culte de la religion réformée.

et menaça de faire signer sa pétition par cinquante mille gentilshommes.

Les protestans allèrent bien plus loin quelques années après : ils tinrent une assemblée de conjurés dans Sainte-Foi, et y déclarèrent leur vœu bien prononcé, s'ils étaient vainqueurs de leurs ennemis, d'anéantir la religion catholique dans la monarchie.

Les conjurés qui, comme un des héros de Rome, croyaient n'avoir rien fait, s'il leur restait quelque chose à faire, agissaient en même tems qu'ils menaçaient : ils couvraient à la fois la France de manifestes et de funérailles.

A cette époque, le fameux Baron des Adrets était encore protestant : il ravagea le Dauphiné, traînant le Parlement de Grenoble tout entier au prêche, profanant les reliques du culte romain, brûlant les églises ou les profanant par des sacriléges, troublant la cendre des morts, et attaquant des monarques qui n'étaient plus, jusques dans l'asile sacré de leur sépulture.

Dans le même tems, les protestans, supé-

rieurs dans le Béarn, sinon par leur nombre, du moins par leur audace, égorgeaient
les religieux et les prêtres, et massacraient à
Orthez la fleur de sa noblesse.

A cette turbulence guerrière, se joignit
la perfidie : ils livrèrent à l'Angleterre, notre
ennemie naturelle, le Havre de Grace, et s'en-
gagèrent à y ajouter Calais, si elle avait assez
d'or pour l'acheter, et assez de soldats pour
conserver son odieuse conquête.

Quatre batailles rangées, livrées à cette
époque par les protestans à leur souverain
légitime, sont des monumens irréfragables
de leur rebellion : ce sont celles de Dreux,
de Saint-Denis, de Jarnac et de Montcontour.

Il fallait bien que, dans ces secousses politiques, comme dans les lois physiques du
mouvement, l'action fût suivie de la réaction :
Charles IX et Catherine de Médicis se vengèrent à la manière des Cambyse et des Phalaris,
et il y eut une journée de Saint-Barthélemi.

Henri III commence à régner, et le feu
des dissentions civiles, mal éteint par le mode

des massacres , se ralluma avec plus de force.
Le prince de Condé, le chef des religionnaires,
entre en France à la tête de onze mille Alle-
mands et force le faible monarque à acheter
une paix qui le couvre d'ignominie, puisqu'il est contraint, pour remplir le traité,
d'engager les diamans de la couronne.

Henri III se croyait tranquille : il se livre
aux plaisirs , au lieu d'apprendre à régner :
il dort sur le trône, et la Ligue le réveille.

On connaît toutes les horreurs insensées
que produisit cette Ligue odieuse ; on viola
toutes les propriétés pour maintenir le droit
primitif de propriété; on se livra, en prêchant
la tolérance, à l'intolérance la plus effrénée ;
on invoqua Dieu pour légitimer tous les crimes , et l'honneur de la chevalerie française
pour justifier tous les ridicules.

Henri III est assassiné par le moine Clé-
ment , que ses complices inscrivent avec distinction dans leur martyrologe, et le magnanime Henri IV est obligé de conquérir la
France, pour recouvrer son héritage.

C'est alors que le nouveau monarque, qui tenait aux deux cultes, par ses premiers principes et par son abjuration, cherche à les réconcilier par le fameux édit de Nantes : Sully, le grand Sully, le plus éclairé des hommes d'état qui eussent paru depuis le Chancelier de l'Hôpital, eut une grande part à ce monument de raison et de tolérance.

Ici, et après l'examen rapide de quatre-vingts pages, je quitte la plume de l'historien, pour soumettre un moment à l'analyse philosophique la satyre déguisée de Malesherbes.

Il me semble d'abord que l'esprit de parti perce trop dans le discours du prétendu Ministre patriote ; il y aurait eu bien plus d'adresse à parler de la religion réformée en sage qui la juge, plutôt qu'en avocat turbulent qui la déchire ; il faut apporter à un Conseil d'Etat, que le Souverain préside, une raison calme et froide, et non des harangues incendiaires et des manifestes.

C'est une injustice criante, dans le prédicateur du roi, d'appeler la longue série de crimes et de brigandages qui souillèrent la France, pendant le règne de six monarques, l'*esprit du calvinisme* : le calvinisme n'a jamais appris aux hommes à brûler les édifices sacrés, à violer les femmes, à assassiner les rois : si un culte pareil avait osé se montrer un jour sur le globe, dès le lendemain, l'indignation des peuples l'aurait anéanti.

Oublions-nous que la religion catholique, si pure dans sa morale, si tolérante dans ses principes primitifs, a été le prétexte d'une foule d'horreurs bien plus révoltantes encore, que celles dont le *Ministre patriote* flétrit le protestantisme ? Oublions-nous les protestans brûlés à petit feu à l'Estrapade, devant François I<sup>er</sup>, et *à la grande édification de sa cour* ; le massacre de la Saint-Barthélemi, qui efface tous les attentats de la Ligue, et la conquête du nouveau monde, avec l'épée et le crucifix, qui enleva de la population du globe douze millions d'hommes ?

Ce baron des Adrets, qu'on nous cite comme le fléau des catholiques, quand il

était protestant, devint le fléau des protestans quand il se fit catholique; ce n'était pas
son culte, c'était son ame qui respirait le
sang; et les tigres ne deviennent pas dés
agneaux par l'apostasie.

Si le critique avait été juste, il aurait ób-
servé que les chefs du protestantisme, les
Condé et les Coligny étaient, en leur genre,
les apôtres de la tolérance; et cette observation
ne lui aurait nui ni dans l'esprit de ses juges,
ni dans la confiance de ses lecteurs.

Il n'aurait pas, contre le cri de sa conscience, accusé la religion réformée, de l'as-
sassinat d'Henri III.

Il ne lui serait pas échappé cette phrase aussi
absurde qu'odieuse, contre un des plus grands
hommes dont la France, et j'ose dire l'Europe
chrétienne, s'honorent. *L'Hôpital, qui,
sous la simarre de Chancelier, cachait une
indifférence raisonnée pour la religion catholique, ou plutôt pour toutes les religions,
donnait les couleurs de la tolérance à sa se-
crète perfidie..... Au reste, ce rôle apa-*

*thique cadrait assez avec la gravité glaciale de sa figure.*

La mauvaise foi du critique se manifeste encore, dans son tableau rapide des tems qui se sont écoulés depuis l'édit de Nantes jusqu'à sa révocation.

Il affirme que la loi réparatrice du magnanime Henri IV souleva non seulement le Conseil et les Parlemens, mais encore la France entière ; et c'est évidemment une erreur de fait.

Il ajoute ( et c'est une erreur de droit ) que ce même édit de Nantes semblait avoir pour base fondamentale, d'organiser une république au sein d'une monarchie.

Le cardinal de Richelieu, dit le Machiavel des prédicateurs, en s'emparant de la Rochelle, le boulevard du protestantisme, en ne donnant aucune suite à l'édit de Nantes, revint aux principes : *Les philosophes*, et je transcris ses termes, *déclament contre cette intolérance de Richelieu ; mais les Bourbons la lui pardonnent.*

On se doute qu'après une telle profession de foi, le fougueux *Ministre patriote* ne s'arrête pas au milieu de sa carrière ; il en vient à la révocation de l'édit de Nantes, et il l'appelle sans réticence *une loi mémorable ;* et il ajoute que Louis XIV, en la promulguant, *vengea la majesté des rois, et sauva la religion.*

L'analyse substantielle de cette première partie du *Discours* fait assez connaître dans quel esprit l'ouvrage tout entier est écrit : ainsi le goût m'indique de ne donner à l'examen des deux autres que quelques coups de crayon.

*Qu'ont fait les Protestans, depuis la Révocation de l'Édit de Nantes?*

L'auteur avoue que, depuis le coup d'état arraché à la faiblesse de Louis XIV, les protestans, pendant un certain nombre d'années, remuèrent peu : les scènes que leurs prophétesses jouèrent dans les Cévennes ne semblaient que des farces d'énergumènes, plus dignes de mépris que de courroux : elles annonçaient des têtes malades plutôt que des sujets rebelles.

La guerre des Camisards éclata ensuite, et, par contre-coup, on vit les Dragonnades.

Il faut entendre ici le prédicateur d'un Dieu de paix, justifiant tacitement les crimes pieux des dragons et leurs longs brigandages.

« N'est-il pas singulièrement étonnant « que la philosophie moderne reproche à « Louis XIV et à son Conseil, les dragons « qu'on fit marcher contre les rebelles des « Cévennes? Mais quoi! fallait-il donc qu'un « roi, protecteur de ses sujets, souffrît tran-« quillement qu'ils fussent égorgés? »

Assurément, si les habitans sauvages, et toujours indépendans des montagnes des Cévennes, étaient des rebelles, il fallait les soumettre, sans enfreindre les lois de la guerre; il fallait les punir par la jurisprudence des tribunaux, sans recourir aux supplices qui révoltent l'humanité, sans souffrir que les dragons, comme je l'ai transcrit plus haut, d'après les mémoires du tems, s'*étudiassent à*

*trouver,* pour leurs prisonniers, *des tourmens
qui fussent douloureux, sans les faire mourir.*

Louis XIV meurt; Philippe lui succède
sous le nom de Régent, énerve les mœurs
de son pays, emprunte à la philosophie moderne son principe de tolérance, et il n'y a
point de combats entre les deux cultes religieux, parce que, suivant le critique, on
devient plus indifférent pour la religion.

Il paraît qu'à la majorité de Louis XV, les
protestans se permirent quelqués mouvemens
contraires au repos public ; du moins, si on
en juge par la déclaration du 14 mai 1724,
où ce prince parle de *mouvemens étrangers*
qu'ils ont fait naître, de leurs *assemblées illi-
cites,* de l'audace des prédicans qui *excitent
les peuples à la révolte :* mais tous ces germes
de dissention furent aisément étouffés; les
lois comminatoires qu'amena la révocation de
l'édit de Nantes eurent l'apparence d'être
remises en vigueur : les dissidens tremblèrent;
ils ne prêchèrent plus que dans le désert ; on
n'envoya point contre eux de dragons, et jus-

qu'à la guerre de 1742, la France parut
pacifiée.

Depuis 1742 jusqu'en 1787, il y eut quelques délits de perturbateurs, mais non des
insurrections de sectes ; tels furent les deux
petits mouvemens de 1744 et de 1761, en
Languedoc, dont l'un fut réprimé par un
régiment de dragons, et l'autre par un simple arrêt de Parlement ; tel encore l'attentat
contre l'ordre public, d'une espèce de chevalier de la Barre, calviniste, qui mit, à coups
de hache, une croix en morceaux : cependant
le zèle de la maison de Dieu dévore le *Ministre patriote* : « Le Gouvernement, dit-il,
« a fait une grande faute en abandonnant,
« nous ne dirons pas la sublime politique de
« Louis XIV, la hauteur de ses vues n'est
« plus au niveau des idées d'une nation rape-
« tissée par le philosophisme ; mais le système
« de Louis XV, qui, par des voies purement
« réprimantes, avait contenu pendant quel-
« que tems les religionnaires. Il n'existerait
« peut-être plus de calvinistes en France, il

« ne nous resterait de cette prétendue religion
« que le souvenir affligeant des ravages qu'elle
« a faits dans le royaume, si les ordonnances
« de ce prince avaient été exécutées. »

Le second problème, que le critique discute, tient dans son *Discours* 76 pages; l'examen se serait borné à quelques lignes, si l'auteur avait été juste, s'il n'avait pas divinisé la révocation de l'édit de Nantes, au lieu de la mettre dans ses balances; s'il n'avait pas juré, en commençant son écrit, de ne jamais se rencontrer avec la logique de Port Royal et avec la raison de Malesherbes.

*Que feraient les protestans, en* 1788, *si leur état civil était sanctionné par le gouvernement?* — Voilà le prédicateur devenu prophète : voyons s'il déroulera mieux le tableau de l'avenir, qu'il n'a colorié celui du passé.

L'ennemi des protestans, tout en s'élevant contre une tolérance, qu'il voyait devenir de jour en jour une vertu nationale, s'arrête par respect devant celle de Louis XVI, et le

voyant embarrassé à conserver la religion
dominante, en sanctionnant le mariage des
religionnaires, il lui propose de couper le
nœud gordien en parlant ainsi aux protestans :
« Sans doute, votre conscience est un sanc-
« tuaire impénétrable à ma puissance : jamais
« ma bouche ne proférera ce dilemme dicté par
« le despotisme : *Vous abjurerez, ou vous ne*
« *vous marierez pas.* Entre ces deux extrêmes,
« il existe un milieu : *Soyez protestans, puis-*
« *que vous vous obstinez à l'être, et allez vous*
« *marier hors de mes états.* »

Il n'eût pas été adroit à un Souverain,
qui voyait la France gémir depuis un siècle
du fléau de l'émigration des protestans, de
leur enjoindre, lorsque, par un calcul ( exagéré peut-être ) ils prétendaient former encore
parmi nous une population de trois millions
d'hommes, d'aller sur un sol étranger con-
tracter des mariages : on est bien tenté de
rester dans une contrée hospitalière, où, soit
l'amour, soit les convenances sociales, donnent
naissance à de pareils nœuds ; la moitié des

époux serait devenue transfuge, à la honte de notre législation et au détriment de nos manufactures : ainsi Louis XVI fit très-bien de ne pas céder, dans son Conseil, aux insinuations *patriotiques* de son *Ministre* prédicateur.

Arrivé ensuite à l'énumération des malheurs qui naîtraient, si jamais on cessait de regarder comme bâtards des enfans nés de mariages légitimes, le visionnaire commence sa prophétie.

Les religionnaires une fois mariés légalement, dit-il, demanderont des temples et un culte public, *ils s'aviseront* même, ajoute-t-il, *d'élever ces temples, de manière qu'ils l'emportent sur nos églises, et* (ce qui est non moins révoltant) *d'avoir des cloches* : c'est la révolution qui est venue rassurer la conscience timorée du prophète, en nivelant les deux cultes catholique et protestant, en profanant à la fois les temples et les églises, et en détruisant toutes les cloches.

Lorsque les protestans auront un culte, le prédicateur voit dans l'avenir qu'ils deman-

deront des dixmes : il paraît que cette page
du livre du destin a encore été fermée pour
lui ; car aujourd'hui il n'existe plus de dixmes
en France , ni pour les pasteurs catholiques ,
ni pour les ministres religionnaires.

Un autre grand malheur pour la France ,
dit le *Ministre patriote* , c'est que , de prétentions en prétentions, les protestans en vien-
dront jusqu'à exiger des synodes, pour régler
les points de leur discipline ; inconvénient très-
grave sans doute, dit-il , parce qu'on verrait
alors des archevêques du clergé catholique ,
confondus avec des Ministres du culte protestant , porter leurs doléances ensemble au
pied du trône du *fils aîné de l'église*.

Le dernier désastre que le prophète redoute,
c'est de voir les religionnaires , devenus citoyens, occuper les charges et les offices publics , envahir les magistratures , et pénétrer
jusques dans le sanctuaire des Académies ; le
Ministère sur-tout , occupé par ces êtres pro-
fanes , le remplit d'une terreur religieuse :
cependant il pardonne à Henri IV d'avoir

donné cette grande place à Sully, et se pliant,
en bon jésuite aux circonstances, il dit que
le protestant Necker, en place en 1787,
*sert la patrie par ses talens, et honore le*
*Ministère par ses vertus.*

On voit, par cette analyse, que le *Discours*
virulent du *Ministre patriote* ne porte point
d'atteinte aux *Mémoires* d'une raison calme,
mais vigoureuse du Ministre philantrope;
que le prédicateur du roi, tout prophète qu'il
s'annonce, n'a rien, ni des beaux mouvemens de son prédécesseur Isaïe, ni du talent
oratoire de son confrère Bourdaloue, et que
Malesherbes, malgré les haines politiques et
les satyres religieuses, sera toujours Malesherbes.

Le *Discours à lire au Conseil du roi* a
une seconde partie, où l'auteur discute quelques questions un peu moins problématiques
que celles qui font l'objet de ses prophéties.

La plus piquante de ces questions, est celle
où l'on envisage la réunion prochaine de la
religion réformée avec les deux sectes du jan-

sénisme et du philosophisme ; réunion plus homogène qu'on ne le croirait au premier coup d'œil, puisqu'elle a servi de base à la révolution française, qui, devenue ingrate, suivant l'usage, quand elle a pu marcher par ses propres forces, a fini, comme le Saturne de la Mythologie, par dévorer ses enfans.

Il faut s'arrêter quelques momens sur cette seconde partie, non seulement parce qu'elle jette un grand jour sur notre histoire du dernier âge, mais encore parce que son analyse sert de point de réunion entre ce chapitre et le suivant, qu'on regardera peut-être comme le plus attachant de ces Mélanges.

« Il existe, dit l'ingénieux critique, que
« je transcris, sans me permettre de l'approu-
« ver; il existe une secte en France, qui tend
« les bras au protestantisme : cette secte, d'un
« caractère bizarre, prend son nom pour une
« injure, et soutient que son existence est un
« fantôme : elle veut être invisible et son
« langage par-tout la décèle ; elle agit sous
« le voile de l'anonyme, et porte ses coups dans

« les ténèbres : sa devise est la charité, qu'elle
« viole pieusement et par système : son cri,
« la loi du silence, qu'elle seule ne garde
« pas : sa morale est le rigorisme des discours,
« ses miracles sont des convulsions, son mode
« de se manifester un libelle périodique... Elle
« ne cesse d'écrire, de censurer, et de caba-
« ler dans l'ombre : elle a établi, en France,
« un vrai parti de l'opposition, et il ne lui a
« manqué qu'un chef, pour faire des questions
« purement religieuses des affaires de gouver-
« nement. »

On voit assez, par ce tableau plein de talent,
qu'il ne s'agit point ici du Jansénisme vénérable de Port Royal, qui toujours à la hauteur d'un siècle de lumières, toujours modeste et toujours persécuté, nous a valu le
chef-d'œuvre des Logiques, la morale de
Nicole et les Provinciales.

C'est un Jansénisme bâtard, et d'ordinaire
persécuteur, né au milieu du dix-huitième
siècle, du renversement du goût et de la satiété
du bien, qui semblait fait pour se confé-

dérer avec le protestantisme dégradé, dont le
prédicateur jésuite annonce les crimes dans
son Apocalypse.

Ce Jansénisme, dont on trouve les rapports
avec la religion réformée, soit dans une
doctrine commune, soit dans le grand œuvre
des *Convulsions*, qui s'opérait à la fois à
Paris, dans l'église de Saint-Médard, et au
prêche des Cévennes, n'est au reste, dit le critique, *qu'un tison mal éteint qui semble
encore fumant, tandis que le philosophisme
est une torche ardente*, qu'il faut surveiller
avec soin pour que l'incendie ne se propage
pas sur tous les points de la monarchie.

Le philosophisme, justement désigné sous
ce nom, pour qu'on ne le confonde pas avec
la philosophie pacifique et sublime des Socrate,
des Marc Aurèle et des Malesherbes, est l'objet particulier des anathêmes du prédicateur :
on le lui abandonne d'autant plus volontiers,
que c'est lui qui sembla, depuis la chûte du
trône, jusqu'à l'avènement du régime consulaire, organiser notre code des massacres,

éteindre notre morale publique et reléguer
l'ordonnateur de la nature dans les intermon-
des d'Épicure. « Aucun contre-poids, dit le
« critique, ne retenant plus l'essor de ce
« philosophisme, la raison, sans frein, dut
« se perdre dans un chaos effroyable de dou-
« tes, de blasphémes et d'anarchie.... Or c'est
« du tronc du calvinisme qu'a germé la bran-
« che fatale de l'irréligion.... avec ses ramifica-
« tions, dont les deux principales, sont le
« matérialisme et l'athéisme absolu, tous
« deux les fléaux de la morale, et par con-
« tre-coup de tous les gouvernemens. »

Il suit de la doctrine du prédicateur,
qu'il existe, entre le protestantisme et le philosophisme, la consanguinité la plus parfaite,
ce qui, à cause de l'esprit novateur commun
aux deux sectes, devait conduire à cangrener
d'abord les laïques, ensuite le sacerdoce, et
enfin l'épiscopat, d'où résulte l'apostasie générale de la nation française.

Le fougueux orateur se permet ensuite
un parallèle révoltant contre les protestans,

et les sophistes, que, par esprit de corps, il appelle toujours philosophes.

Il suppose le philosophisme ennemi naturel du gouvernement monarchique, et il le prouve par quelques ouvrages individuels, dont la célébrité blessé sa pieuse intolérance, par l'*Histoire Philosophique des Indes*, de l'abbé Raynal, par le *Contrat Social*, et par l'*Encyclopédie*.

Quelques faits viennent à l'appui de sa théorie insidieuse, et il emploie tout son talent à les faire valoir.

Sa coignée tombe d'abord sur le grand arbre du protestantisme, qui a étendu ses ramifications sous une partie des trônes de l'Europe.

Calvin, dit-il, après avoir menacé du haut de son tribunal tous les Souverains : *Audiant principes et terreantur;* c'est-à-dire, *que les princes m'écoutent et qu'ils tremblent*, fait entendre que leur pouvoir n'est qu'une *licence féroce*, s'ils ne le concilient avec celui des représentans des trois Ordres,

*tuteurs des peuples par la grace de Dieu* : Il
est hors de doute que tel était le langage de
Mirabeau , à l'origine de la révolution française, lorsqu'il fit concourir à la fois son génie
et sa perversité au renversement de notre
monarchie.

Les disciples de Calvin propagèrent sa
doctrine ; Bèze dans ses Sermons , Knox dans
ses fougueux Entretiens , le Ministre Jurieu
dans son Tableau du Socinianisme, et le poète
Milton dans son Apologie du Régicide.

Il faut associer à ces républicains incendiaires le protestant Hubert Languet , qui ,
sous le nom de Junius Brutus , composa le
*Vindiciæ contra Tyrannos*, où le mot de
*Tyran* est représenté comme le synonyme
de *Roi*.

Grotius lui-même l'a dit ; et Grotius , en
qualité de protestant , a ici une autorité co-
lossale ; *par-tout où les disciples de Calvin*
*sont devenus dominateurs, ils ont bouleversé*
*le Gouvernement.*

Cependant il faut être juste ; tous les bons

esprits du protestantisme se sont élevés, à l'exemple de Grotius, contre l'anarchie républicaine, que les démagogues religionnaires voulaient substituer à l'autorité paternelle des monarchies ; le célèbre Bodin, entre autres, a rejeté ces maximes incendiaires dans sa *République*, qui, à quelques égards, a été le germe de notre immortel *Esprit des Lois*.

L'esprit juste généralise rarement, parce que, dans les délits politiques, la masse des exceptions l'emporte d'ordinaire sur celle des faits : pour l'esprit de secte, il généralise toujours, parce qu'il croit toujours étendre son influence, en multipliant le nombre de ses victimes.

Quand le *Ministre patriote* a épuisé son fiel sur la religion réformée, il revient au philosophisme, dont la chûte ne lui tient pas moins à cœur, et contre lequel il voudrait bien qu'il y eût un édit de Nantes, afin de le faire révoquer.

« Sire, dit-il, la faction du philosophisme

« couve depuis long-tems dans les ténèbres
« un grand projet. Ce projet.... auquel on
« n'attache plus cet air de mystère, que la
« prudence commandait autrefois, a le dou-
« ble but d'anéantir en France et le christia-
« nisme et la monarchie.... Le rappel des
« protestans accélèrera du moins l'exécution
« du second délit.... Quand ils auront pris
« racine dans vos états, les philosophistes
« formeront une ligue politique, qui aura
« son plan, ses chefs, ses correspondans dans
« les provinces, ses protecteurs à la Cour, et
« ses agens dans la capitale.... Tout prépare
« la voie à cette alarmante révolution. Déjà,
« Sire..... mais je m'arrête; la prudence
« m'impose le silence, et je livre cet événe-
« ment aux combinaisons de votre sagesse. »

Le jésuite écrivait en 1787, et il semble
prévoir les événemens sinistres de 1792 : ce
texte, que j'ai relu plusieurs fois, pour me
convaincre que j'étais réellement éveillé, me
réconcilie avec l'esprit de divination, dont
j'avais fait un délit à son auteur; je suis loin

d'admettre qu'il soit bon logicien, orateur adroit, homme de goût comme Malesherbes, qu'il ose parodier; mais je consens, pour quelques minutes, qu'il soit prophète.

L'étonnement redoublera bien plus, dans le chapitre suivant, quand on verra que cette révolution française, qui a changé la face de l'Europe, avait été devinée deux cents ans auparavant, soit dans son ensemble, soit dans ses détails, par un écrivain protestant, que j'ai trouvé dans la bibliothèque de Malesherbes : encore une fois, ne nous hâtons de prononcer sur rien : nos pas rétrogrades vers l'ordre social, ainsi que nos victoires, nous ont accoutumés aux prodiges; nous pouvons, après cela, croire qu'un protestant a pu répéter les oracles de Nostradamus, et un jésuite monter sur le trépied prophétique des Sibylles.

Je me hâte d'arriver à la fin du long sermon du *Ministre patriote*.

« Les protestans, dit-on, ne sont plus les « mêmes; c'est une erreur, Sire, qu'on ac-

« crédite à dessein , pour donner le change
« sur le but qu'ils se proposent : ce sont les
« circonstances qui ne sont plus les mêmes ,
« et non les protestans; les hommes, pris in-
« dividuellement , peuvent passer de l'erreur
« à la vérité , du vice à la vertu ; mais, envi-
« sagés collectivement , ils sont toujours les
« mêmes ; les corps civils et politiques ne
« changent jamais; chez eux , le change-
« ment n'est qu'une modification nouvelle du
« même esprit constitutif. Il en est ainsi des
« sectaires : les individus peuvent changer
« de manière d'être et de penser; mais la
« secte, en général , conserve toujours ses
« principes; elle ne varie que dans les appa-
« rences ; ce sont des phases déterminées par
« les événemens du tems , èt par le caractère
« du siècle : qu'on laisse agir les protestans ,
« qu'on donne à leur licence naturelle son
« ancienne activité , ils feront renaître les
« mêmes circonstances; ils s'y replaceront ;
« et alors, ne paraissant plus différens d'eux-
« mêmes , ils se trouveront ce qu'ils ont été. »

Ce morceau me semble un des plus vrais
et des mieux écrits du *Discours à lire au
Conseil* : à la conclusion près, il aurait pu
sortir de la plume de Malesherbes.

Le jésuite, étonné de s'être rencontré quelque tems avec l'opinion publique, et la raison des sages, reprend bientôt son caractère
primitif, et termine son ouvrage par une
diatribe contre la tolérance, « mot, dit-il,
« qu'on profère avec emphase, afin de gou-
« verner avec des mots; mot qui ressemble aux
« *Sciboleth* de l'histoire des Hébreux, qu'il
« faut prononcer dans son accent, afin de
« ne pas encourir l'anathême de notre tribu
« de Galaad : mot enfin devenu un talisman
« entre les mains du philosphisme, pour fas-
« ciner, depuis un demi-siècle, les yeux des
« souverains, et conduire à l'indifférence de
« toutes les religions. »

Je ne m'amuserai point à réfuter les quatre-vingts pages d'invectives pieuses du *Ministre patriote* contre la tolérance, parce
que ce terme, comme celui de bienfai-

sance de l'abbé de Saint-Pierre , trouve ,
dans son acception grammaticale, son apologie , parce que le dix-neuvième siècle ne
se gouverne pas avec l'esprit théologique du
quinzième, parce que je veux prouver que
je sais tolérer les libelles contre Malesherbes.

# D'UN LIVRE INFINIMENT RARE

### DE

## LA BIBLIOTHÈQUE DE MALESHERBES,

#### IMPRIMÉ IL Y A 220 ANS,

Où la Révolution Française est dépeinte dans tous ses détails.

S'IL est vrai, comme l'affirme le *Ministre patriote*, qui a censuré avec tant de fiel les beaux Mémoires de Malesherbes, sur les protestans, que ces derniers aient préparé la révolution française, par leurs écrits incendiaires, contre le Saint-Siége, et tous les trônes de l'Europe, la plus forte preuve de ce paradoxe apparent se trouve dans le livre dont je vais tenter l'analyse; cependant le *Ministre patriote* n'en parle pas : il aime mieux chercher dans son imagination vaga-

bonde, que dans les faits, un prétexte plau-
sible à ses diatribes contre la douce tolérance
de l'Hôpital, de Montagne, de Fénélon et
des philosophes.

L'auteur du livre que je tire de l'oubli,
est protestant, il est vrai; mais il serait sou-
verainement injuste d'accuser d'un délit lo-
cal et né en France des troubles de la Ligue,
la masse entière des religionnaires; quoi qu'en
disent parmi nous les ennemis éternels des
lumières, cette classe du beau culte chrétien
n'a jamais inséré dans son symbole la haine
raisonnée des rois; elle a eu des principes
particuliers d'indépendance faits pour caractériser les hommes qui ont le sentiment de
leur dignité; mais l'histoire ne dit point que,
hors de France sur-tout, elle s'en soit jamais
servie pour propager, dans l'Europe, le fléau
de la démagogie; elle n'a troublé, à aucune
époque, le repos des Couronnes du Nord; elle
a contribué à donner à la Grande-Bretagne
un gouvernement libre, dont la raison s'honore; elle a concouru de tout son génie et

de tout son zèle pour la perfectibilité humaine, à élever en Allemagne le superbe monument de la paix de Westphalie.

Après cet hommage rendu au protestantisme, je puis, avec la même franchise, exercer ma critique sur le livre dangereux, qui a échappé à un de ses écrivains, sous le règne d'Henri III.

Il y avait long-tems que je cherchais cet ouvrage, dont les hommes de lettres me parlaient diversement, suivant l'opinion politique qu'ils avaient adoptée; mais son extrême rareté m'avait presque rendu pyrrhonien sur son existence : cette rareté était telle, que l'abbé Rive, le bibliothécaire du duc de la Vallière, un des bibliographes les plus érudits du dix-huitième siècle, me déclara un jour qu'il n'en existait par dix exemplaires en Europe.

Je m'entretenais sur cet objet, en 1792, peu après la chûte du trône, avec l'illustre Malesherbes; il me dit qu'il en avait entendu parler plusieurs fois au chancelier son père, mais avec trop peu d'estime, pour lui avoir fait naître l'idée de le lire : il ajouta qu'il ne doutait pas qu'il n'en existât un exemplaire dans un petit cabinet de son appartement, qu'il appelait son *enfer*, et dont l'entrée, de son vivant, lui fut toujours fermée ; je le priai de le livrer quelques momens à ma curiosité philosophique ; et, en effet, peu de jours après, il le fit venir du château de Malesherbes.

A peine eûmes-nous lu ensemble quelques pages de ce livre, d'une originalité piquante, et étincelant de tems en tems de génie au milieu des plus absurdes paradoxes, que l'illustre vieillard se réunit lui-même avec madame de Sennozan sa sœur, pour m'inviter à en faire l'analyse.

Plus j'avançai dans ma carrière, plus je me convainquis que cet ouvrage, tout imparfait qu'il était, quand on le comparait avec les *Essais* de Montagne, la *Sagesse* de Charron, ou les traductions contemporaines d'Amyot, méritait de fixer les regards d'un siècle de lumières, soit par la fécondité de l'imagination qui l'a fait naître, soit par l'union bizarre des vérités hardies dont il est dépositaire, avec les extravagances politiques qu'il rassemble, soit sur-tout par l'espèce d'audace prophétique de l'auteur, qui a tracé, avec une franchise dont il ne se doutait pas, le tableau de la révolution française, quoiqu'il écrivît à une époque où la France catholique, doublement asservie aux papes et aux rois, eût de tems en tems à se plaindre des attentats du trône et de ceux du sacerdoce.

Ma Notice éclaira Malesherbes sur sa longue erreur, née du préjugé que lui avait inspiré le Chancelier son père. Il avoua que notre révolution en faisait presque un livre classique; et, l'ayant lu en entier lui-même, il me donna, sur des détails curieux qui m'avaient échappé, quelques lumières, d'après lesquelles je rectifiai mon analyse.

Le torrent de la révolution, qui engloutissait tout ce qui se trouvait sur son passage,

m'ayant obligé de dérober tous mes manuscrits à la surveillance inquiète des comités de
démagogie, j'oubliai celui-ci pendant long-
tems ; enfin, l'insurrection thermidorienne,
et l'avènement d'une troisième constitution,
donnèrent à la presse une demi-liberté. Les
Académies, sous le nom d'Institut, renaqui-
rent de leur cendre, et je lus, il y a cinq
ans, dans une séance particulière de ce premier de nos corps littéraires, la Notice de
ma prophétie protestante, qui, sous plus
d'un titre, forme un chapitre naturel de mes
Mélanges sur Malesherbes.

« Le livre a pour titre : « Le MIROIR DES
« FRANÇAIS, contenant l'état et maniement
« des affaires de France, tant de la justice
« que de la police, avec le réglement requis
« par les trois états pour la pacification des
« troubles... La punition des tyrans et ron-
« geurs de peuples, et généralement tous les
« secrets qu'on a pu recueillir pour l'embel-
« lissement du royaume.

« Le tout mis en dialogues, par Nicolas

« de Montand, dédié à la reine régnante, et
« imprimé l'an 1582. »

Ce *Miroir* est imprimé en caractères très-
menus, et forme un *in*-8°. de 511 pages, en
y comprenant la dédicace.

Avant de me livrer à son analyse, j'ai
voulu constater son authenticité, et recueillir
sur son auteur quelques lumières, qui pussent
rejaillir sur l'ouvrage.

Mon attente a été long-tems trompée ;
Debure, si prolixe sur des ouvrages qui n'ont
d'autre mérite que celui de la rareté, et si
aride sur ceux qui pouvaient fixer les regards
du philosophe, cite le *Miroir* dans sa Biblio-
graphie, et n'ajoute pas un mot, ni sur l'auteur qu'il ne connaissait pas, ni sur le livre,
dont probablement il n'avait vu que le fron-
tispice.

Les Bibliothèques Historiques du tems ne
m'ont pas éclairé davantage sur l'auteur du
*Miroir* : j'ai eu recours aux dictionnaires originaux, et ils m'ont paru garder le même silence :
on ne rencontre le nom de Montand, ni dans

le philosophe Bayle, ni dans le compilateur Chauffepié ; enfin le hasard m'ayant mis sous les yeux un livre du savant la Monnaie, qui a pour titre : *Remarques sur les auteurs déguisés de Baillet*, j'y ai trouvé un fil d'Ariane qui m'a guidé dans le labyrinthe bibliographique, que j'avais à parcourir.

La Monnaie parle du *Miroir*, et l'attribue à Nicolas Barnaud, qui s'est déguisé sous le nom de Montand, sans doute pour ne point compromettre sa personne, en présentant à un roi absolu une vérité terrible sous le voile transparent de l'apologue.

De ce moment j'ai entrevu la lumière : j'ai eu recours à la Bibliothèque des Historiens de France du P. Lelong, et, à la page 773 du tome II de la belle édition de Fontette, j'ai trouvé un commencement de notice sur le critique de Henri III et sur son ouvrage ; il est vrai que, par la seule manière dont le titre du *Miroir* est ortographié, je suis tenté de croire que l'éditeur n'avait fait passer

que sur parole ce livre singulier dans sa bibliothèque. [1]

Le cynique Prosper Marchand est moins superficiel dans l'article qu'il destine, dans son
Dictionaire Historique et Critique , à l'auteur du *Miroir* : mais j'incline à penser à la
multitude d'ouvrages d'une nature bien diffé-
rente , qu'il a mis sous son nom , qu'il a confondu plusieurs Barnaud , comme l'antiquité
réunit sur une tête les exploits de plusieurs
Hercule , afin d'en légitimer l'apothéose.

Barnaud est un des mille et un écrivains , à
qui on a attribué le fameux traité *de Tribus
Impostoribus* , pour détrôner Moïse, le Christ,
et Mahomet; traité que personne ne vit jamais,
et dont les ennemis du christianisme ima-
ginèrent le titre, moins pour disserter sur la
nature du livre , que pour le faire naître.

Prosper Marchand ne me paraît guère
mieux fondé à donner au Barnaud du *Miroir*

---

[1] Fontette écrit *Miroüer* , d'après l'orthographe de
Marot ; et dans l'exemplaire que j'ai sous les yeux, il
est écrit *Miroir*, d'après l'orthographe des Provinciales.

le commentaire latin sur ce fameux logo-
gryphe du moyen âge, qu'on appelle l'épi-
thaphe d'Œlia Lœlia Crispis, ainsi que le
*Triga Chymica* et le *Quadriga Aurifera*,
rêveries alchymiques, qui font déraisonner
depuis deux siècles les apprentis philosophes,
sur la chimère de la métamorphose des élémens et de l'éternelle adolescence.

Quand on applique la critique à la Bio-
graphie, ce qui est le seul moyen de lui donner du poids, on reconnaît bientôt que de
tous les écrits dont on a surchargé la mémoire
du prétendu Nicolas de Montand, le seul
qui porte vraiment son cachet, est celui qui a
pour titre : « CABINET DU ROI DE FRANCE,
« dans lequel il y a trois perles précieuses,
« par le moyen desquelles le roi s'en va ( deve-
« nir ) le premier monarque du monde, édi-
« tion *in-8°*, de 1581. »[1]

---

[1] Le Duchat, qui n'est rien moins qu'une autorité,
dans ses remarques sur le chapitre III de la *Confession de Sancy*, édition de 1699, page 375, attribue
ce *Cabinet* à un Nicolas Froumenteau.

Le *Cabinet* et le *Miroir* ont été imprimés
à un an d'intervalle l'un de l'autre , et quand
on les lit avec attention , il est difficile de
ne pas s'apperçevoir qu'ils sont sortis du même
atelier : les trois perles du *Cabinet*, par lesquelles Henri III , *s'en va devenir le premier
monarque du monde*, sont les trois états du
royaume , que nous verrons bientôt jouer un
grand rôle dans le *Miroir* : dans les deux
ouvrages, on fait la satyre la plus vive et la
plus amère du gouvernement de Henri : dans
tous les deux on affiche une intolérance anti-
philosophique contre le Clergé ; on y propose au Monarque de s'emparer de ses biens
pour les réunir au domaine , et on fait intervenir le Tiers, qui se charge de payer le dettes de
l'État, avec les propriétés de l'Eglise, en ména-
geant des sommes plus ou moins fortes pour
doter les prêtres, qui rentreront dans la société
par la porte du mariage.

La vie de Nicolas Barnaud tient peu de
place dans l'histoire contemporaine : dans tous
les tems , l'homme sage qui a voulu réformer

son siècle a du se condamner à l'oubli : tout
ce que nous apprennent les biographes, c'est
qu'il était originaire de Crest en Dauphiné;
qu'on le disait à la fois médecin et gentil-
homme, et qu'il voyagea en Espagne en
1559 : quant au tems de sa mort, il est aussi
inconnu que l'époque de sa naissance : je regrette
qu'il n'ait pas rencontré cette pierre philoso-
phale, qu'on l'accuse d'avoir cherchée toute sa
vie ; car, en prolongeant sa carrière seulement
deux siècles de plus, il aurait vu se réaliser la
révolution française, dont son imagination
vagabonde avait jeté les élémens dans le
*Miroir.*

Le *Miroir*, comme tous les livres connus du
tems, est parsemé de traits d'érudition, mais
indigestes : on n'y saurait esquisser un règne
contemporain, sans remonter jusqu'aux fables
de l'avènement de Pharamond : une anecdote
sur les guerres de religion conduit à parler de
l'antropophagie des Egyptiens de Tentyre, et
des meurtres sacrés d'Holopherne et d'Églon :
quelques traits échappés aux orgies royales

de Henri III amènent des autorités prises du Satyricon de Pétrone, du Sérail de Caprée et des infamies d'Heliogabale.

Quant au style, il est, pour le mécanisme des locutions, parfaitement le même que celui d'Amyot, mais il s'en faut bien qu'on rencontre dans Barnaud ces graces simples et naïves, qui, malgré deux siècles de vétusté, nous font mettre les ouvrages de l'aumônier de Henri III presqu'au niveau des bons livres du siècle de Louis XIV. Le *Miroir* ne mérite notre attention que par le fond des choses, par l'audace quelquefois cynique, avec laquelle il déroule le tableau des malheurs politiques, qu'entraîne le despotisme entre des mains féroces, ou du moins mal habiles : par ce premier élan de la philosophie, sortie à peine du berceau, qui, par le mal individuel qu'elle fait aux tyrans, s'essaie au bien général qu'elle doit faire un jour aux hommes.

Il n'y a point proprement de préface dans le *Miroir*, mais seulement une épître dédicatoire qui en tient lieu : elle est datée de

Nancy, du premier octobre 1581, mais n'est point signée : [1] de pareilles dédicaces ne se signent pas ; on ne met point son nom à une satyre contemporaine, quand sa vraie adresse est à la postérité.

La dédicace est à Louise de Lorraine, reine de France, et épouse de Henri III. Le prétendu Montand y dit à cette princesse : « La « réforme du royaume dépend, après Dieu, « du roi et de nos seigneurs, les trois états « de cette monarchie.

« Prenez, ajoute-t-il, ce *Miroir* en votre « main, et, par sa perspective, faites voir la « lumière à votre peuple, qui chemine à « l'ombre de la mort. »

Si l'auteur du *Miroir* avait réellement envoyé son ouvrage à la reine, et qu'il eût échappé à la surveillance inquiète et active du Gouvernement, il faudrait en conclure

---

[1] J'incline à croire, comme je l'ai dit plus haut, que le nom de *Montand*, qui se trouve à la tête de l'Épître, n'est qu'un stratagème du Libraire, pour mettre à couvert l'audace qu'il a eue d'imprimer un pareil ouvrage.

qu'à cette époque la presse était libre, sinon de droit, du moins de fait ; ce qui rendrait moins odieux les attentats du despote, puis-qu'il semble légitimer la défense des victimes.

Les deux tiers de l'ouvrage sont écrits en forme de dialogues : c'était la manière de Platon ; mais ceux-ci, par le choix bizarre des interlocuteurs, sont loin de paraître sortir de l'école de Socrate.

Les personnages du premier entretien sont Sem, Cham et Japhet : la scène se passe au sortir de l'arche de Noë, et, pour comble de bizarrerie, on y parle, dès la seconde page, de monarchies chrétiennes, de Mahomet, et de Philippe II qui tyrannise les Indes et l'Es-pagne.

Avec un peu plus d'attention, on devine que l'intention du philosophe prédicateur a été de supposer, que les trois fils de Noë avaient survécu à leur mort, annoncée dans la Genèse, et qu'errant sur le globe, comme le patriarche Énoch, ils avaient déjà vécu près de quatre mille ans, quand ils songèrent à faire de la monarchie, faible et déchirée de Henri III, la première république royale de l'univers.

La famille diluvienne se proposait de chercher l'empire du globe, où il serait plus aisé de bâtir sur une saine politique l'édifice du Seigneur : Sem propose la France, comme la contrée qui présente une plus grande population d'hommes de bien : Cham s'y oppose, parce qu'on y étale par-tout des armoiries : cependant l'avis du premier est adopté, et les trois paladins Hébreux se mettent en route à pied, du Mont-Ararat en Arménie, pour arriver à la Cour de Henri III, qui, je crois, résidait alors à Fontainebleau.

Le privilége de l'immortalité n'était pas alors circonscrit dans la personne d'Énoch et des enfans de Noë : ceux-ci trouvèrent, en passant par Paris, l'Israélite Nimrod, le même que l'Ecriture appelle un robuste chasseur devant le Seigneur, qui, comme on s'en doute bien, reconnut les tiges de sa race, et se mêla à leur entretien.

Vous venez assez mal à propos ici, dit

Nimrod à ses ancêtres, car tout y est en trouble, et les Français, après s'être tourmentés dans leurs guerres civiles, se mettent à ruiner et à massacrer leurs voisins.

Eh! quel profit, répond Cham, en revient-il au souverain ?

Ceux qui le représentent, repart le chasseur, prétendent que ces guerres étrangères ne peuvent que lui être un sacrifice agréable, parce que les têtes des Français sont comme l'hydre de la fable, et que plus on en tue, plus il en renaît sous le fer qui les mutile.

Mais, dit Cham, je pense que le prince n'a point le pouvoir de vie et de mort sur ses sujets, si ce n'est par l'intermède des lois, de ces lois, qui, dans tout gouvernement sage, sont au dessus des rois.

Japhet parle à son tour, et expose le motif du voyage des patriarches : il fait entendre que leur mission est d'eriger, en France, une maison au Seigneur, pour y prêcher sa parole.

Nimrod sourit : ce n'est pas à la Cour

sans doute, fait-il entendre, que doit se manifester cet apostolat, car ceux qui gouvernent,
aiment bien mieux être loin de Dieu que
de s'en trouver trop voisins.

Sem, voyant enfin son protecteur bien
disposé, lui propose de les introduire devant
le roi; ils lui parleront comme interprètes des
peuples, et lui démontreront la nécessité de
dépouiller les étrangers, de s'emparer à la
fois de leurs papiers, de leurs biens et de
leurs personnes, jusqu'à nouvel ordre; et
d'après le principe que leurs acquisitions ont
été cimentées du sang des Français et de leurs
sueurs, de les annexer, *suivant son bon plaisir*, à son domaine royal, en remboursant cependant les individus spoliés, d'un bien que
le laps des siècles leur faisait regarder comme
leur patrimoine.

Mais, dit le robuste chasseur, si le monarque s'y oppose.... Le monarque, répond Japhet, n'est que le premier serviteur du royaume, dont le peuple est le vrai maître et le
vrai souverain.

Le dialogue finit par un examen de la Saint-Barthélemi : Japhet fait observer à ses frères que tant d'attentats de la part des gouvernans ont appelé la vengeance du ciel, et que tous ces hommes qui règnent, en assassinant leurs semblables, meurent tôt ou tard de la peste, de la famine, se précipitent dans les eaux ou s'entre-tuent.

Ici la scène change ; les enfans de Noë s'en retournent à pied sur le Mont-Ararat, et le philosophe Barnaud donne la parole à deux autres interlocuteurs, qui sont le fameux prévôt des marchands, Marcel, et l'avocat du Parlement Versoris.

Ce dialogue, qui roule presque en entier sur les finances, donne quelques élémens sur le trésor royal et les impositions de la France, il y a 220 ans, et, sous ce point de vue, il piquerait encore la curiosité, quand même l'auteur ne songerait pas à tirer des débris d'une monarchie corrompue, les élémens d'une république.

Il me semble, dit Versoris, que Henri III

ne saurait sans fouler Paris , en tirer par
année plus de soixante mille francs, il en ti-
rerait, dit Marcel, s'il le voulait, six millions;
mais il faut pour cela une condition essen-
tielle, c'est que le roi et le peuple s'entr'aiment.

Les deux hommes de loi évaluent ensuite
par détail tout ce que la capitale pourrait fournir au trésor public, si ses habitans vivaient
avec la Cour en bonne intelligence ; et il
en résulte que des impositions , presque toutes volontaires, s'élèveraient à une somme de
quatre millions , deux cent cinquante mille
écus d'or, ou plus de trois milliards , trois
cent trente trois millions , ce qui me semble
d'autant plus exagéré, que l'Espagne exceptée,
il n'y avait pas, à cette époque, trois milliards
de numéraire en Europe.

Versoris, ou l'auteur du *Miroir*, se rapproche un peu plus de la vraisemblance, quand,
réunissant toutes les sommes fournies par la
France au trésor royal, depuis l'avènement
de Henri II , jusqu'à la fin de 1580, c'est-à-

dire dans l'espace de trente-trois ans, il trouve qu'elles montent à quatre milliards, sept cent cinquante millions, ce qui donne une recette annuelle d'un peu moins de cent quarante-quatre millions.

Il est vrai que l'interlocuteur du dialogue ajoute une phrase qui fournit singulièrement à penser : « Je ne compte pas, dit-il , dans « cette évaluation, les voleries des soldats, « les contributions ( forcées ) et les rançonne-« mens. » Ce peu de mots semble annoncer que pendant les trente-trois ans de dissentions publiques, dont Versoris présente le tableau, le régime révolutionnaire, ou , si l'on veut, le régime militaire, qui au fond a les mêmes élémens , avait plus d'une fois exercé ses fureurs.

L'avocat du Parlement ne dissimule pas que, malgré tous les sacrifices volontaires ou forcés de la nation, le trésor public, au moment où il parle , était encore endetté de deux cens millions.

Juge par là , dit le prévôt des marchands,

de l'opulence de l'empire français ; il ne lui
manque peut-être que de se voir bien gouver-
né : s'il l'était, aucun pinceau ne pourrait
esquisser le tableau de son abondance.

Marcel, que le spectacle de tant de déprédations a fait démocrate, laisse alors errer sa
pensée sur sa bouche, et dit sans hésiter,
que Henri III est un tyran : Versoris, plus
calme, se contente de mettre en contraste la
tyrannie et la royauté ; c'est un des morceaux
de l'ouvrage où il y a le plus de force et de
vérité, et je ne puis me refuser au plaisir d'en
présenter du moins l'analyse.

« Le roi se conforme aux lois de la nature,
« et le tyran les foule aux pieds : le premier
« venge les injures publiques, et pardonne les
« siennes ; le second punit avec férocité ses
« propres injures, et pardonne celles qui re-
« gardent la république : l'homme de bien
« qui gouverne aime à être repris de ses erreurs,
« l'homme pervers prend en haine la liberté,
« quand elle est réunie à la vertu : celui-ci ne
« craint que ses peuples, l'autre ne craint que

« pour eux: vous connaîtrez le bon souverain;
« quand vous le verrez chercher dans l'obscu-
« rité les gens de bien pour les employer aux
« charges publiques : vous connaîtrez le souve-
« rain sans principes, quand il mettra dans
« toutes les places les méchans ses complices :
« le bon prince façonne ses mœurs suivant les
« lois; le prince odieux façonne les lois suivant
« ses mœurs : aussi leur sort n'est pas moins
« différent que leur caractère ; tandis que le
« monarque sage est déifié de son vivant, l'af-
« freux despote, haï de tout ce qui l'entoure,
« rongé de remords au milieu de ses jouis-
« sances, voit, avant de mourir, l'opprobre
« empoisonner sa mémoire. »

Cependant Versoris, tout en éloignant de
Henri la dénomination de tyran, ne peut
se dissimuler que ce prince ne soit faible;
et l'on sait que, dans les Cours perverses, la
faiblesse entraîne presque autant de désastres
que la férocité. Alors il propose de faire adopter aux Etats-Généraux une harangue au roi:
cette harangue qui peut être dans les princi-

pes oratoires du tems, mais qui ferait quelquefois sourire l'homme de goût, commence
avec l'enthousiasme lyrique de Pindare, ou
des Prophètes.

« Paris, entends ma voix, et toi Terre, prête
« l'oreille... Nos campagnes sont inondées du
« sang le plus pur : eh quoi ! ne sommes-nous
« pas tous Français ? pourquoi donc ne pas
« vivre dans le sein de la concorde et de la
« paix?.. Cet homme que tu proscris est, dit-on,
« d'une autre religion, mais le Dieu qui nous
« protége tous est le même; il s'honore, comme
« toi, d'aimer un Gouvernement protecteur.
« Que desires-tu de lui ? veux-tu ses armes ?
« il les dépose à tes pieds; demandes tu - son
« cœur ? il le remet dans ta main; la paix,
« la paix, encore une fois, et tu n'auras plus
« besoin, pour régner, de déchirer tes propres
« entrailles. »

Le dialogue finit par le récit que fait Versoris de la cérémonie du sacre : « Avant le
« couronnement, dit-il, les évêques de Laon
« et de Beauvais, qui représentent le Clergé,

« demandent au peuple qui est rassemblé au
« temple, s'il ordonne que le prince, qui est à
« genoux sur les marches de l'autel, soit roi. Le
« suffrage de la multitude accordé, le monar-
« que fait serment d'observer les lois, de respec-
« ter les priviléges et de n'établir aucun impôt,
« sans y être autorisé par les États (qui semblent
« les dépositaires de la Toute - Puissance. ) »

Le *Miroir* n'étant au fond qu'une galerie
de tableaux politiques, peu importe à son
auteur qu'il conserve une sorte d'unité, parmi
les personnages qu'il introduit sur la scène :
aussi Marcel et Versoris ayant cessé leur entretien, le troisième dialogue s'ouvre par deux
personnages inconnus, que Barnaud désigne
comme des hommes d'état et qu'il appelle Honorat et Tubalcaïn : ce dialogue, qui traite
des réformes à faire en France, pour lui assurer une grande prépondérance en Europe,
est un des plus importans du *Miroir*, parce
qu'on y rencontre presque tous les linéamens
de notre régime révolutionnaire.

Le premier coup d'état qu'on indique au

gouvernement Français, pour se ménager une
grande ressource dans la commotion générale qu'il s'agit de donner au corps politique,
est proposé par le Tubalcaïn : « Il faut, dit-il,
« dresser un bon et loyal inventaire des trésors
« du Clergé et sur-tout des reliques des tems-
« ples catholiques, qui ne servent qu'à rendre
« le peuple idolâtre, et renfermer le tout dans
« le trésor royal. »

Honorat tente de donner des formes légales à
cette proscription ; il importe, dit-il, au salut
public de s'emparer non seulement des revenus du Clergé, mais encore de ses seigneuries
et de ses domaines ; cependant il est équitable
de ne frapper ce grand coup que par détail
et après le décès de chaque titulaire, et dans
le cas où l'église se trouverait dépossédée au
même instant de toutes ses propriétés, de lui
assurer un juste dédommagement.

Mais, ajoute le même interlocuteur, au moment de la proscription, il peut se trouver des
fanatiques qui s'empresseront de recéler les reliques ou trésors sacrés, dont ils croiront que

Dieu les aura faits dépositaires : ici la morale, dans les étranges principes de Barnaud, cède à la raison d'état : Son interprète déclare qu'il convient d'encourager la délation et de promettre une somme, tirée du trésor public, à tout individu qui révélera le dépôt dont le Gouvernement a interêt de s'emparer.

On se doute que, dans les principes du réformateur, le désastre du Clergé doit entraîner celui des monastères.

« Frères oisifs des couvents, dit Honorat,
« simples nonnettes, voyez le battelage qu'on
« vous fait jouer : croyez-moi, sortez de vos
« cavernes sacrées, travaillez de vos mains, et,
« en rentrant dans le monde, rendez - vous
« dignes de la société des gens de bien. »

Tubalcaïn demande comment on pourra tirer cette pépinière du peuple, du cloaque des couvents.

Le plus grand nombre, répond Honorat, ne demande qu'à sortir de sa tanière religieuse; d'ailleurs il serait bon de ressusciter la loi Romaine de Valentinien, qui arrache de leurs asiles, bannit ( ou déporte ) les moines qui, par état, se dérobent aux charges sociales, et transmet leurs biens à ceux qui partagent les dangers de la république.

Ainsi, dit en propres termes Tubalcaïn, il faudrait qu'un docteur de Sorbonne quittât sa robe pour aller labourer la terre.

Le grand mode proposé dans ce dialogue du *Miroir*, pour rendre citoyens les moines, les religieuses et les docteurs de Sorbonne, est de les marier : c'est un moyen sûr, dit l'auteur, de diminuer en Europe, le nombre des enfans illégitimes.

Tubalcaïn cherche ensuite dans sa philosophie des moyens de légitimer le despotime de cette sécularisation : il conviendrait, suivant lui, de rendre à leurs familles tous ces célibataires de religion, qui sont au-dessous de quarante ans, et d'assigner aux autres, mais uniquement pendant leur vie, une petite rente sur le domaine de leur couvent : il entrait sur-tout dans l'esprit de la philosophie de Tubalcaïn » que cette petite rente fût bien payée.

Le même personnage ajoute dans la même page une autre considération, qui me semble moins tenir de la philosophie de Socrate que de la politique de Machiavel : il s'agit d'en-régimenter sans distinction les moines et les prêtres : je suppose, dit-il, que la France soit déchirée par une guerre longue et dange-reuse : hé bien, en réunissant en compagnies militaires ces bandes religieuses rendues au siècle, on aurait la plus formidable armée que jamais Monarque eût levée en Europe.

Assurément il y aurait un grand rappro-chement à faire entre le mode de proscrip-tion du Clergé, que Barnaud proposait en 1582, et celui que nous avons adopté vers 1793 ; et si les Vandales, qui nous ont op-primés impunément pendant quinze mois, avaient su lire, je croirais qu'ils avaient pris les élémens de leur régime révolutionnaire dans le *Miroir*.

Mais je ne suis encore qu'aux premières lignes de mon parallèle ; et notre étonne-ment va redoubler, à mesure que je déroulerai le tableau qui sert de base à mon analyse.

Voulez-vous voir l'administration des Proconsuls, qui dévastèrent la France pendant le régime Décemviral ? écoutez l'Honorat du *Miroir* : « Il serait expédient , dit-il, de « purger l'Empire de ces monstres de Verrès, « dont le nombre n'est que trop grand, qui « traînent avec eux des hommes de guerre, « dont l'unique service consiste à rançonner « et à piller leurs concitoyens; qui lèvent des « contributions, sans y être autorisés ; qui « forcent les filles, qui violent les femmes, « et exercent des cruautés dignes des tems « barbares, que la civilisation sociale sem- « blait avoir anéantis. »

Voulez-vous voir la proscription des cloches? lisez ce morceau de Tubalcaïn :

« Le Clergé a trop de cloches ; il faut en « laisser une à chaque paroisse, et vendre le « reste à beaux deniers comptans : il est ex- « pédient aussi d'en faire servir le métal, en « l'unissant aux marcs d'argent , en bloc,

« tirés de la dépouille des églises, pour la
« fonte des pièces d'artillerie : c'est une ex-
« cellente matière que celle-là. »

Enfin , le croirez - vous ? le *Maximum*
même, ce fatal *Maximum*, qui fut sur le
point, en 1793, d'affamer la France et d'é-
touffer la République dans son germe, se
trouve, avec tous ses détails, dans le même
Dialogue du *Miroir.*

Faisons, disent nos deux hommes d'état,
des réglemens, qui assujettissent à un prix
fixe toutes les denrées et marchandises de la
Monarchie ; et, pour y parvenir, distribuons
dans toutes les provinces , un *Carcabeau ,*
( c'est un dénombrement ) où chaque objet
de commerce sera désigné avec le prix de
vente qu'y met la loi.

Les bases générales de ce Carcabeau se
trouvent dans le Dialogue, et peut-être que
les détails n'en paraîtront pas indifférens,
du moins à la curiosité, qui aime à rapprocher les mœurs et les faits, à des époques que
plusieurs siècles séparent.

Il est dit dans le projet de loi du *Maximum*
de 1582, que la charge de blé de trois cents
livres de poids ne sera, pendant le cours de
l'année, que de cinq livres tournois pour les
pauvres, et que les riches l'achèteront plus
cher, mais d'après les évaluations du prix de
commerce, faites par la police des Capitales.

Le tonneau du vin le plus cher, y est taxé
à douze livres, et celui du vin le plus commun, à six francs.

Le bœuf le plus gras ne coûtera que soixante
francs, et le plus maigre la moitié.

La meilleure paire de pigeons ne vaut que
six sous; et, comme le gibier alors était rare,
on taxe un bon faisan à trois livres, ce qui
est le prix d'un demi-tonneau de vin.

Il faut rendre justice aux réformateurs
Honorat et Tubalcaïn : quelle que fut leur
imagination inquisitoriale, ils ne songèrent
point, comme nous, à appuyer la tyrannie
de leur *Maximum*, par celle d'une armée
révolutionnaire.

Ce fameux Dialogue, le plus piquant de

tous ceux qui composent le *Miroir*, renferme aussi une satyre amère des Parlemens, des Présidiaux et de toutes les Cours de Judicature; on y fait entendre qu'en les réformant, la France verra renaître un siècle d'or, un ciel nouveau et une terre nouvelle : malheureusement ni le siècle de Barnaud, ni le nôtre, n'ont cru à la prophétie.

On s'attend bien que les deux Juvénal français, qui ont attaqué le corps politique dans chacun de ses membres, n'en épargneront pas la tête : aussi il est difficile de s'exprimer avec plus de force qu'Honorat et Tubalcaïn, contre le Monarque, plus faible que méchant, qui eut le malheur de précéder le magnanime Henri IV.

Les critiques tracent un long tableau de la mort ignominieuse des Tyrans, afin d'effrayer les Princes qui seraient tentés de les imiter; presque tous passent en revue, depuis Eglon le despote d'Israël, jusqu'à Denys de Syracuse. Au travers de tout cet étalage d'érudition anti-royale, on remarque quel-

ques traits d'une éloquence, que le siècle de
Louis XIV ne désavouerait pas : tel est en
particulier celui-ci, que je ne fais presque
que transcrire, et où je trouve une sorte de
naïveté sublime :

« Des rois pervers, des hommes qui gou-
« vernent mal les peuples, doivent trembler
« en présence de l'Être suprême ; il ne les
« punit pas à l'instant du crime, mais ceux-ci
« n'en ont pas meilleure composition ; à cha-
« que grand attentat, dont ils se souillent,
« leur procès se forme dans le ciel, leur ar-
« rêt se prononce : il reste l'exécution, mais,
« dans l'intervalle, le bourreau est là, dans un
« petit réduit de leur conscience, qui tient
« les instrumens de leur supplice. »

Telle est l'analyse détaillée du seul des Dialogues du *Miroir,* qui mérite de fixer l'attention des philosophes. Je n'ai pas cru cependant
devoir dédaigner les autres ; mais il s'en faut
bien qu'ils offrent quelque chose d'aussi piquant, soit dans l'ensemble, soit dans les
détails : cependant je vais tâcher d'extraire

quelques paillettes d'or de ce fumier d'Ennius.

Barnaud personnifie le Clergé, la Noblesse et le Tiers-état, dans son quatrième Dialogue; ce que j'y trouve de plus analogue à notre révolution, est une proposition du Clergé, qui promet de fournir annuellement, à la France, soixante millions, et de soudoyer à ses frais, pendant la guerre, vingt mille hommes de pied et six mille chevaux, pourvu qu'on l'exempte de toute contribution, sur-tout envers l'église de Rome. Cette offre si extraordinaire, vu les préjugés religieux du tems, rappelle celle que le Clergé de nos jours avait chargé l'archevêque d'Aix Boisgelin de faire à l'Assemblée constituante, d'un don gratuit de quatre cent millions pour payer la dette nationale ; offre que Mirabeau eut l'adresse de tenir renfermée dans l'intérieur des Comités, parce qu'il croyait moins avantageux de fonder un nouveau gouvernement avec l'appui de l'Eglise, que sur la chûte de l'Eglise.

Le Tiers, dans le même Dialogue, présente au Monarque son cahier de remontran-

ces; et j'y remarque deux demandes destinées à
frapper les politiques qui aiment les *Miroirs*.

On y supplie le Roi d'incorporer à sa Couronne divers états, qui sont à sa convenance,
entre autres la Belgique, le Milanais, le Por-
tugal et d'autres contrées, qui lui tendent les
bras, pour respirer à l'abri de sa souveraineté.

Voici une demande non moins singulière,
pour les amateurs des rapprochemens : le
Tiers demande que les grands prieurés et les
commanderies de Malte soient réunis au
domaine du Roi ; la Noblesse, qui est un
des personnages du Dialogue, fait entendre
qu'il y aurait de l'injustice dans une pareille
mesure : Hé bien, répond le Tiers, que ces
chevaliers combattent les infidèles, ainsi
qu'ils en ont fait vœu, qu'ils imitent Thé-
mistocle, et qu'ils restent possesseurs du pays
ennemi qu'ils sauront conquérir.

Le premier entretien du second livre du
*Miroir* a pour interlocuteurs Scipion et
Milon ; on s'attend d'abord à être transporté
dans les beaux siècles de la Grèce et de Rome;

malheureusement il ne s'agit ici ni de Milon de Crotone, ni de Scipion l'Africain, mais seulement de deux Commissaires des guerres, qui s'amusent à délivrer la France de ses troubles intérieurs, en lui proposant un système de conquête.

Il faudrait d'abord, disent-ils, s'emparer d'Avignon et du Comtat, fondre ensuite sur les deux Exarchats qui relèvent du Saint-Siége, et soumettre le Patrimoine entier de saint Pierre ; les prêtres s'y opposeront sans doute : mais on aura l'art de combattre la Messe, avec les richesses qui sont le produit de la Messe.

Scipion, qui se trouve aussi humain que celui qui rendit sa captive à Indibilis, laisse échapper une expression de sentiment : Eh quoi ! dit-il, on propose de mettre l'Italie en feu ; mais ne vaudrait-il pas mieux se garder de verser nos fureurs sur un peuple tranquille, qui n'a que faire de nos sanglantes querelles ?

J'en appelle, répond Milon, à votre équité :

Milan appartient au Roi aussi bien que le royaume de France.... D'ailleurs, toutes ces guerres de conquêtes sont bonnes, ne fût-ce que pour dépouiller la République de ses ordures : ces hommes qu'on envoie se faire tuer sous un ciel étranger, sont les humeurs peccantes du corps politique, dont l'expulsion lui rend la vigueur et la santé.

Le livre 3, qui est le dernier du *Miroir*, est sans Dialogues : je le regarde comme une espèce de résumé de tout ce que l'auteur a fait dire de moral et d'immoral, de philosophique et d'anti-philosophique, à tous ses personnages, depuis les enfans de Noé, jusqu'au commissaire des guerres, Scipion.

On y trouve, mais semés de loin en loin, quelques articles du Code révolutionnaire, dont je n'aurai pas besoin d'indiquer le rapprochement.

Telle est l'obligation imposée à tout Français, de *faire guet et garde*, à tour de rôle, aux Châteaux Royaux les plus voisins de son domicile.

Telle la réquisition faite à tout propriétaire, qui recueille plus de blé qu'il n'en peut consommer, de le débiter dans le tems et aux marchés qui lui seront indiqués.

Tel enfin le dénombrement général ordonné dans toute la France, pour recevoir la déclaration des biens, pour forcer tout individu à exposer le métier qu'il fait, le moyen qu'il a imaginé pour gagner sa vie : car, ajoute l'auteur du *Miroir*, il est expédient de chasser de la République les guêpes qui mangent le miel des abeilles.

Voilà l'analyse fidelle du singulier livre du *Miroir :* le motif qui m'a déterminé à me livrer à l'aride travail de cette espèce de défrichement, n'échappera pas sans doute à la sagacité des lecteurs.

Il existe dans les Annales de la Ligue une foule d'ouvrages, où quelquefois un germe d'esprit philosophique, et plus souvent l'esprit de parti bien prononcé, ont cherché à anéantir la religion dominante de la France et son gouvernement.

Ces ouvrages, qui ne sont point inconnus, avaient autrefois fixé un moment mes regards : j'avais sur-tout parcouru, avec l'intérêt de la curiosité, ce recueil de libelles de tous les partis, que les savans Secousse et Lenglet nous ont donné sous le nom de Mémoires de Condé, et qu'on peut regarder comme les archives de la dépravation humaine en politique ; les libelles des curés de Paris, sous le titre religieux de Sermons ou d'Homélies ; ceux des protestans, qui se vengeaient à la fois, par la plume et par les armes, de l'effroyable journée de la Saint-Barthélemi : tout cet amas, dis-je, de crimes imprimés et de sottises, n'avait point échappé à mes recherches ; et j'en avais conclu qu'il y a des époques dans l'âge des Monarchies, où l'homme public n'est bon qu'à être oublié.

Au moment où le *Miroir* tomba entre mes mains, je fus curieux de parcourir encore quelques-unes des Satyres politiques du tems, qui avaient joui d'une sorte de célébrité, entre

autres, la Confession de Sancy, et la Des-
cription de l'Isle des Hermaphrodites, contre
Henri III et ses Ganymèdes, dont on a grossi
le Journal de l'Etoile : je lus sur-tout, avec
quelque attention, le *De justâ Henrici tertii
abdicatione*, du fougueux docteur Boucher,
et le livre qui a pour titre : « Les Sorcelleries
« de Henri de Valois, et les Oblations qu'il
« faisait au diable dans le bois de Vincennes, »
deux écrits imprimés en 1589 ; c'est-à-dire,
sept ans après la publication du *Miroir* ; et
toutes mes recherches ne servirent qu'à me
convaincre que le livre de Barnaud était, dans
ce genre, un ouvrage à part, fait pour fixer
l'attention d'une société d'hommes éclairés,
et être vengé par là de l'oubli des bibliographes.

En général, tous les livres des protestans,
pendant l'époque désastreuse des guerres de
religion, ne sont que de froids traités contre
l'église de Rome, ou des philippiques incendiaires contre les papes. Leur but primordial
de renverser une puissance qui n'avait besoin

que d'une tiare et d'une clef pour écraser l'univers, perce à chaque page ; et ce n'est que par occasion qu'ils jettent quelques idées sur les principes de gouvernement, qui font la base du Pacte social.

Il y a encore moins de fruit à retirer des libelles contre nos Rois, que le fanatisme de toutes les sectes a vomis pendant les tems orageux de la Ligue, et sur-tout sous les derniers des Valois : je ne vois qu'un seul dogme, dans toute cette fange impure d'écrits, condamnés, par le style et sur-tout par le fond des choses, à l'oubli ; c'est celui du Régicide ; dogme infernal, et qui ne peut être admis par les gouvernans et les gouvernés, que quand il n'y a point de gouvernement.

Lisez avec attention tous les livres de cette immense bibliothèque, qui appartiennent au protestantisme et à la Ligue, vous n'y trouverez aucun élan de cette philosophie cosmopolite, qui s'élève au-dessus des gouvernemens et des cultes contemporains, pour éclairer la politique, et donner une base au Pacte

social ; c'est toujours une secte qui en détruit
une autre , pour être détruite à son tour ;
c'est un ennemi du Saint Siége, qui ne secoue
les chaînes des Papes que pour prendre celles
de Luther ou de Calvin ; c'est un énergumène
qui ne censure les Rois ou les assassine, que
pour donner le trône à un prince de son église.
Jamais il n'entre dans l'idée de ces écrivains
réformateurs de s'élever au-delà de la sphère
des petites idées contemporaines , de voir,
dans le silence des préjugés , et sur-tout des
passions, si le théisme , la religion des sages
dans tous les siècles, peut être substitué sans
danger à la révélation de Mahomet ou de
Sammono-Codom ; si, dans les divers modes
de gouverner le globe, il y a plus ou moins
d'élémens de félicité publique dans la force
centrale d'une Monarchie, que dans la force
divisée d'une République, qui fait marcher
les mœurs , les lois et les lumières à la per-
fection de l'homme social.

Sous tous ces points de vue, il y a une
distance énorme entre les mille et un écri-

vains à la solde de la Ligue ou du protestantisme et l'auteur du *Miroir*.

Barnaud, en généra', n'est point un écrivain incendiaire ; quoiqu'il ait fondu dans
son livre une partie des théories des ligueurs
et des protestans, à peine entrevoit-on qu'il
ait été lui-même l'un ou l'autre ; et en effet,
les historiens de sa vie, et sur-tout Prosper
Marchand, ne disent point qu'il ait joué un
rôle dans les troubles du gouvernement, ou
dans les divisions de l'Evangile.

Il y a un certain nombre, soit de vérités
philosophiques, soit de paradoxes piquans,
qu'on chercherait en vain dans les satyres
contemporaines, et qu'on ne rencontre que
dans le *Miroir*.

Le *Miroir* est encore la seule production
de la fin du seizième siècle, où l'on trouve la
réunion de toutes les critiques qu'on pouvait
faire, des mœurs, de la politique et de la fausse
philosophie du tems ; c'est encore la seule qui
laisse échapper du nuage quelques - uns de
ces principes consolateurs, avec lesquels des

sages, libres par les lois et par la morale, ont tenté d'améliorer les hommes.

Enfin, et c'est ce qui m'a donné le plus de courage dans mes arides recherches, il n'existe aucun livre, depuis la découverte de l'imprimerie, où l'on ait, comme par une espèce de pressentiment philosophique, annoncé d'une manière plus claire la révolution française.

Je prie qu'on me pardonne une dernière observation ; quelque abondant que fût, dans mon analyse du *Miroir*, le champ des réflexions, il en est très-peu que j'aie osé me permettre. Lorsqu'on parle d'un gouvernement organisé dans l'effervescence des passions humaines, et qu'on en parle à un faible intervalle de sa fatale influence, il est peut-être utile, pour empêcher les haines nationales, de se réveiller, de mettre quelques limites à son juste ressentiment : alors l'histoire peut se borner à recueillir les faits ; la philosophie, à les comparer à ceux des âges qui précèdent ; et, en attendant que les sages des-

tinés à interpréter la voix des siècles pro-
noncent, tout jugement prématuré doit être
renvoyé à la pensée solitaire de l'homme
de bien.

Ainsi pensait le magistrat célèbre, à qui
ce faible monument est érigé : il m'invita
lui-même à retrancher de ma Notice sur le
*Miroir* quelques rapprochemens non moins
curieux qu'indiscrets, et j'obéis : depuis, certaines vérités politiques ont pu être exposées
sans danger ; mais je n'ai point rétabli les
textes supprimés. Pendant tout le tems où
cet écrit a été composé, j'ai toujours été en
présence de Malesherbes.

# DES OUVRAGES

## PEU CONNUS OU INÉDITS

# DE MALESHERBES.

LA célébrité s'est attachée avec raison sur les ouvrages avoués par ce grand homme, et qui portent l'empreinte de son génie, tels que les *Remontrances* de la Cour des Aides, les *Mémoires* sur les protestans, les *Observations* sur les trois premiers volumes de l'Histoire Naturelle de Buffon et le *Discours de Réception* à l'Académie Française : mais il en est d'autres, qui, quoique inédits ou moins connus, parce qu'ils sont ensevelis dans des recueils étrangers, méritent aussi toute notre attention : tels sont ses travaux sur l'économie rurale et sur l'Histoire Naturelle : car Malesherbes ne dédaignait aucune des branches du grand arbre des connaissances humaines : instruit sur tout, parce que c'était lui-même qui s'était créé, il écrivait sur tout, et ce n'était pas en qualité d'honoraire, mais comme homme de lettres universel, qu'il était de nos trois Académies.

Deux ouvrages de ce grand homme sur l'économie rurale ont été imprimés presque malgré lui ; le premier renferme des observations infiniment curieuses sur le Melèze et sur ce Mahaleb, ou Bois de Sainte-Lucie, dont il s'était formé une avenue unique en Europe, dans son parc de Malesherbes ; l'infortuné Varenne de Fenille, que les Vandales de Lyon ont assassiné, les a insérés dans un recueil précieux, imprimé à Bourg en Bresse, en deux volumes *in*-8°., qui ont pour titre : *Mémoires sur l'administration forestière et sur les qualités individuelles des bois indigènes ou qui sont acclimatés en France* : les *Observations* du Ministre d'État sur ces deux arbres exotiques ne déparent point, par la sagesse du style et par l'étendue des recherches, le recueil du naturaliste, homme de lettres.

Un autre écrit, encore plus précieux, est son *Mémoire sur les moyens d'accélérer en France les progrès de l'économie rurale* : il voudrait que ce soin fût confié à des cultivateurs aisés et un peu philosophes, qui suivissent la belle théorie des deux frères célèbres, Duhamel de Deninvilliers, et Duhamel du Monceau ; que des voyageurs pleins de lumières parcourussent dans tous les sens la France et l'Europe, et que les travaux des uns et des autres fussent surveillés par des corps qui ne meurent jamais, tels que des sociétés d'agriculture.

Cet ouvrage parut en 1790 ; c'était l'époque où tout en France marchait d'un pas rapide vers sa décadence, le trône, les arts, les principes constitutifs de l'ordre social : cet écrit précieux fut à peine remarqué ; tous les esprits alors se tournaient vers le fantôme de l'égalité : on se bâtissait une liberté dans les nuages, sans voir que le sol qu'on foulait aux pieds recélait le germe de la plus abjecte des servitudes.

Le Mémoire sur les progrès de l'économie rurale, oublié par son modeste auteur,
dans ses porte-feuilles, a été imprimé à
Paris par les ordres de la société d'agriculture.

On a sauvé des ravages des Vandales un
manuscrit de Malesherbes, *sur les moyens
d'utiliser les landes en France*, que l'auteur ingénieux et sensible de la *Notice* sur
ce grand homme se propose de faire imprimer.

L'économie rurale doit beaucoup au génie
de Malesherbes : je vois dans le manuscrit que
je tiens de l'amitié du célèbre Sage, qu'on
lui doit une découverte parfaitement neuve
sur une des branches de cette économie ; c'est
lui qui, d'après son génie et d'ingénieuses
expériences, a trouvé que le bois séché sur
pied est infiniment supérieur à celui qui sèche
hors du sol d'où il a été arraché, parce qu'il
conserve mieux ses couleurs natives, et qu'il
contracte plus de dureté.

L'Histoire Naturelle, proprement dite, à

cause de l'étendue de la scène qu'elle embrasse, et de la variété des phénomènes qu'elle expose, est de toutes les branches de nos connaissances celle qui souriait le plus à la belle imagination de Malesherbes.

Nous avons vu son premier travail et le plus important de tous, sur le grand ouvrage qui a rendu Buffon immortel ; dès ce tems-là, il promettait à la France, un second Pline, s'il avait pu être à la fois homme d'état et homme de lettres, et sur-tout si son génie ardent, qui franchissait toutes les limites, avait su se circonscrire.

Dans son exil de 1771, retiré dans sa terre, et tout entier à ses travaux de prédilection, il travailla, de concert avec notre vénérable Abeille, à une *Histoire Naturelle des environs de Malesherbes.* Ce manuscrit, à ce qu'on pense, n'est point perdu ; mais on ignore entre les mains de qui il est tombé, en sortant des griffes des oiseaux de proie révolutionnaires.

Le sol de Malesherbes tient particulièrement

à l'histoire primitive du globe : car, comme l'a
très-bien observé l'ingénieux auteur de *l'Histoire Naturelle de la France Méridionale*,
qui y séjourna en 1782, le vallon où est situé le
château est composé évidemment de couches
calcaires, qui annoncent l'action lente et suc-
cessive de la mer : et ce ne fut qu'après sa
retraite, que le sol abandonné aux eaux plu-
viales put être sillonné par le courant des
rivières, d'où a résulté la vallée de Malesherbes.

Parmi les phénomènes qu'offre cette contrée un peu sauvage, mais toujours pittoresque,
est une espèce de volcan de sable désigné
par les habitans sous le nom populaire de
*Montagne qui coigne* : l'auteur de *l'Histoire
Naturelle de la France Méridionale* écrivit
à ce sujet trois lettres sous son nom, dans le
journal de Paris de 1782 : mais je tiens de
lui-même, qu'il n'adopta cette espèce de pater-
nité que par déférence pour le Sage, qui ne
voulait point tenir des papiers publics une
célébrité éphémère : les trois lettres, de l'aveu

du naturaliste, sont réellement sorties de la plume de Malesherbes.

Malesherbes avait conçu de bonne heure une idée grande, digne de son génie, propre à tout embrasser, et qui aurait fait faire un pas de géant à l'Histoire Naturelle, s'il avait pu la voir exécuter : il s'agissait de donner une édition nouvelle du grand ouvrage de Pline l'Ancien, le second des peintres de la nature, qui ait fait époque, car Aristote l'avait précédé ; édition si supérieure à celles qui l'avaient précédée, par la correction du texte, par la fidélité de la traduction, et sur-tout par le rapprochement des connaissances de l'antiquité avec les nôtres, qu'il serait résulté de ce travail, aussi immense que bien digéré, une vraie Encyclopédie.

Ici, je prendrai pour guide unique l'excellente *Introduction* du savant Abeille, aux *Observations* sur Buffon faites par Malesherbes.

Pline, qui n'avait eu de modèle que l'instituteur d'Alexandre, savait tout ce qu'on

pouvait savoir de son tems en géographie, en
physique, en arts mécaniques et libéraux et
en sciences naturelles ; mais, depuis dix-huit
cents ans, nous avons singulièrement agrandi
cette sphère, alors assez bornée, de nos connaissances : nous volons où nos maîtres, qui
n'avaient pas le lévier de l'imprimerie, ne pouvaient que ramper : il s'agissait donc d'établir
une espèce de pont de communication entre
la science adolescente, telle qu'elle était sous
les premiers Césars, et la science virile, telle
qu'on l'a vue sous le dernier monarque de la
dynastie des Bourbons ; et ce pont se trouvait
naturellement dans le mode d'exécuter la con-
ception hardie de Malesherbes.

Ce plan consistait, après l'épuration du texte
original et les soins donnés à une traduction
qui réunit le goût à la fidélité ; à partager
Pline entre divers membres des trois Académies, qui auraient un nom dans une des branches isolées de l'Histoire Naturelle , à les
charger de rectifier , chacun dans sa partie,
les erreurs de ce beau génie et de remplir les

vides de son ouvrage. Les conférences savan-
tes, à ce sujet, se tinrent, de 1756 à 1757,
chez le grand homme qui avait imaginé d'élever un pareil monument à la gloire de la
nation française; mais, avant que ce beau
travail eût pris quelque consistance, un seul
homme, Poinsinet de Sivry, eut l'audace,
comme Hercule, de tenter de porter ce nouveau ciel sur ses épaules : les douze volumes
*in-*4° de son *Pline,* parurent successivement;
et, quoiqu'ils n'aient point rempli l'attente
du public, la belle entreprise de Malesherbes
échoua.

L'auteur de ce volumineux essai sur Pline
crut voiler l'inconvenance de son entreprise,
en priant Malesherbes d'en agréer l'hommage;
mais celui-ci, dont la bonhommie n'excluait
pas le sentiment de sa dignité, en refusa la
dédicace.

Un des ouvrages inédits de ce Sage, dont
ses amis ont conservé du moins la tradition, est
*le Mémoire sur la Liberté de la Presse,* qu'il
remit lui-même à Louis XVI, deux ans avant

la révolution qui lui coûta le trône et la vie, et dont j'ai déjà eu occasion de parler : on présume qu'il fut anéanti, au sac du château des Tuileries, cette fameuse journée du dix août, où, pour être humain, le monarque n'osa ni régner, ni mourir.

Un autre, non moins important, et qu'on croit également perdu, est un écrit plein de recherches et sur-tout de tolérance sur les juifs, qui sert de pendant à ses beaux mémoires sur l'état civil des protestans : car il embrassait, dans sa bienveillance, tous les hommes religieux, quel que fût le culte qu'ils tinssent de leurs pères : il croyait que toutes les guerres suscitées par le fanatisme, ne se faisant qu'entre les enfans divers du père de la nature, n'étaient que des guerres de famille.

Quelques amis de la mémoire de Malesherbes se flattent de retrouver ces deux ouvrages et d'autres non moins précieux, parmi les papiers que le dernier rejeton de l'infortuné président de Rosambo a su soustraire au

17

patriotisme dévorant des Vandales de la révolution ; mais une réflexion , malheureusement
trop juste , échappée à la douleur du vénérable Abeille , détruit, à cet égard , nos plus
douces espérances.

L'écriture de Malesherbes est à peu près
illisible : ce qui vient encore moins de la
ténuité de son caractère , que de l'oubli de
certaines lettres , et sur-tout des jambages qui
en feraient deviner le sens : il n'écrivait que
pour lui , et son écriture n'était pas plus cor-
recte, quand il adressait des lettres à ses amis,
parce qu'il les regardait comme un autre
lui-même.

Il avait deux copistes, qui , à force de per-
sévérance, parvenaient à déchiffrer ses minutes:
l'un est mort, et l'autre n'a donné aucun signe
d'existence aux derniers héritiers de ce grand
homme.

Ainsi , quand même il serait possible de
recouvrer quelques-uns des trésors littéraires,
dont la tradition conservera un long souvenir , il est probable qu'il en sera d'eux comme

des manuscrits d'Herculanum, qu'un moine seul a l'intelligence de dérober à l'oubli, en mettant plusieurs mois à dérouler quelques pages : heureusement que Malesherbes a assez écrit de bons livres et assez opéré de grandes choses, pour dire avec le poète du siècle d'Auguste : *Je ne mourrai pas tout entier :* peu d'hommes ont eu comme lui ce double titre à l'immortalité.

~~~~~~~~~~~~~~~~~~~~~~~~~~~~~~~~~~~~~~~~~~~~~

# ANECDOTES

SUR LA

## VIE ORAGEUSE DE MALESHERBES,

PENDANT LA RÉVOLUTION,

## ET SUR SON SUPPLICE.

---

IL faut reprendre encore quelques momens un pinceau pénible : un pouvoir irrésistible m'entraîne, je ne dois rien oublier sur cet être essentiellement aimant, parcequ'il assiége mon ame sous tous les points : le récit trop fidèle de ses malheurs me fait mal, et ce mal, qui se lie chez moi à des souvenirs touchans, est encore une jouissance.

Les malheurs de Malesherbes commencèrent avec ceux de la France ; car il avait une patrie, et il s'en honora, comme Aristide et Phocion, ses modèles, lors même qu'elle le

rejetait de son sein : les ames aimantes ne peuvent soupçonner que ce qui leur est cher ne
les paie pas de retour, et il semble qu'il faut
savoir haïr pour croire à l'ingratitude.

Le siége du chateau des Tuileries, le vingt
juin, avait flétri l'ame de Malesherbes : cependant, quand il apprit dans sa retraite l'hé-
roïsme touchant de Louis XVI, quand il sut
que ce prince, entouré de rebelles, ne voulut
voir en eux que ses enfans, quand il apprit
qu'accusé de pâlir dans un si effroyable danger, il avait approché de son cœur la main
d'un conjuré, pour lui montrer que c'étaient
les palpitations du courage, un espoir nouveau
vint luire à son imagination affaissée. *C'est
le descendant de Henri IV*, dit-il, *il n'y
a plus de Ligue contre lui, et il achèvera sa
conquête.*

Malesherbes se trompait ; un peuple démo-
ralisé, qu'on déchaîne, ne s'arrête que quand
il a roulé dans tous les abymes qu'on lui
proposait de franchir. Le beau dévouement
du vingt juin ne fit qu'irriter la perversité:

les hommes de sang que Louis XVI semblait avoir pétrifiés par sa grandeur d'ame, revenus de leur stupeur, se vengèrent de leur abaissement, en préparant son supplice.

Le détrônement du Monarque, arrivé le dix août, servit à lier, dans les annales de nos désastres, le vingt juin au vingt-un janvier : on vint instruire Malesherbes, dans l'exil volontaire qu'il s'était imposé, que, ce jour terrible, on avait enfoncé les armoires secrètes du chateau, qu'on en avait tiré tous les papiers, pour les jeter par terre, et, que las de les fouler aux pieds, on les avait jetés sans ordre dans les draps du lit du Monarque, pour en repaître la curiosité inquiète du comité de surveillance.

Parmi ces papiers, il y avait quelques lettres de l'ancienne correspondance du Sage avec le malheureux Monarque : heureusement qu'on ne put les lire, ou que, couvertes de fange et de sang, elle se mêlèrent avec les décombres du chateau foudroyé : car une seule, signée de l'ancien Ministre d'État et présentée

aux vainqueurs du trône, eût été pour lui
un arrêt de mort.

Malesherbes fut encore mieux servi à Versailles : un homme de lettres, que ce grand
homme avait obligé, ayant apperçu dans le
cabinet du prince ses rapports au Conseil d'État,
ses notes et d'autres papiers de son Ministère,
trouva le moyen de les soustraire aux argus de
la démagogie, et offrit de les rendre à son
bienfaiteur : mais celui-ci avait alors dans ses
mains les originaux, et il n'accepta point des
copies, dont l'unique mérite était dans le
fini de l'écriture : ces copies mêmes, depuis,
ont disparu ; et ainsi, par une bizarrerie de
rapports entre deux événemens bien dispa-
rates, les manuscrits de Malesherbes ont subi
la même destinée que le *Louis XI* de Mon-
tesquieu.

Enfin nous voici arrivés à une des époques
les plus mémorables de la vieillesse de Malesherbes, à celle où, quittant son exil, il se
rapproche des ruines du trône, pour empêcher
l'infortuné qui y était assis d'en être écrasé.

Le goût exigeait que, dans mon histoire
rapide de la vie publique et privée de Malesherbes, je ne jetasse que quelques coups de
crayon sur sa défense de Louis XVI : mais
la nature de ces Mélanges me permet de m'é-
tendre un peu sur ce beau dévouement, qui
fait tant d'honneur à sa mémoire : mes garants
sont les amis de ce grand homme, dans le
sein desquels il a épanché ses douleurs, le
président de Rosambo, son gendre, mon compagnon d'infortune à Sainte-Pélagie, et les
*Mémoires de Cléri,* imprimés dans Londres,
et écrits avec assez de franchise et d'intérêt,
pour que les ennemis de tout bien en aient
donné dans Paris une édition adultérine, qui
calomnie et l'auteur et l'ouvrage.

Le 12 décembre 1792, quatre députés de
la Convention apportèrent au Temple le décret, qui autorisait le Roi à se choisir un
conseil pour sa défense. Ce Prince, à qui on
ne donna pas le tems de la réflexion, ne pouvait naturellement faire tomber son choix
que sur les membres de l'ancien barreau,

qui avaient quelque célébrité ; et il nomma Target , l'un des quarante de l'Académie française : celui-ci n'osa acheter la gloire par la mort, et refusa ; le vertueux Tronchet , indiqué pour le remplacer, se dévoua.

Dans l'intervalle, Malesherbes avait fait passer à la Convention la belle lettre que j'ai transcrite dans son histoire, et qui prouve qu'un cœur de vingt ans battait encore dans son corps de septuagénaire. Louis XVI, instruit le lendemain, par la même députation, du zéle héroïque de son ancien Ministre, accepta, avec l'effusion de la reconnaissance, ce grand et honorable service. Platon , dans une circonstance pareille, ne fut point refusé par Socrate.

Le 14 décembre, ce vénérable vieillard fut introduit, pour la première fois, dans l'enceinte sinistre du Temple : il a avoué à un de ses amis, que, montant l'escalier de la tour, hérissé de gardes, et rapprochant dans sa pensée tant de grandeur dans Versailles, et tant d'ignominie dans cette prison, ses ge-

noux avaient fléchi ; et qu'il s'était vu
contraint de s'asseoir sur une des marches,
pour ne pas perdre tout-à-fait connaissance.
A peine Louis XVI le vit-il entrer, qu'il
courut au devant de lui, et le serra avec
tendresse dans ses bras. Malesherbes fondit
en larmes, sans prononcer un seul mot ; et
ce silence éloquent, qui dura quelques minutes, prouva que ces ames pures étaient
dignes de s'entendre.

On ne tarda pas à apporter à l'infortuné
Monarque son acte d'accusation, avec les
cent cinquante-huit pièces du procès, tirées,
pour la plupart, de l'armoire de fer du château des Tuileries, qu'on lui fit parapher, et
dont on lui laissa des copies.

Depuis le 14 décembre, jusqu'au 26, le
Prince vit régulièrement ses deux conseils,
auxquels l'éloquent de Sèze avait été adjoint.
On les introduisait à cinq heures du soir, et
ils se retiraient à neuf ; ces quatre heures
étaient employées à l'examen des pièces, et
à discuter sous quel point de vue on plaide-

rait cette cause mémorable. Il est hors de
doute qu'une faible espérance de sauver
Louis XVI détermina le conseil à reconnaître la compétence du tribunal d'un ordre
nouveau, qui devait le juger : ces hommes,
droits et purs, se trompèrent, il est vrai ;
mais il ne faut pas trop leur reprocher, sur-
tout après l'événement, de n'avoir pas plus
désespéré que Varron du salut de la République.

Malesherbes, outre ses séances du comité,
se rendait, le matin, au Temple ; il appor-
tait au Roi les papiers publics, et les opinions imprimées des Conventionnels, qui te-
naient à son procès : les lumières, que ces
pièces répandaient, servaient à diriger quelquefois les opinions consultatives du soir :
elles portaient aussi, de tems en tems, la
pointe de la douleur dans l'ame sensible du
Monarque détrôné, quand il voyait que les
hommes, qu'il avait le plus comblés de bienfaits, étaient les plus ardens à conjurer sa
mort.

Le Roi relisait, le soir, à tête reposée, ces pièces odieuses ; et, après avoir concerté ce qu'il avait à répondre, les jetait dans le feu, pour ne pas compromettre le zèle héroïque de Malesherbes.

C'est à cette époque que Louis XVI fit demander au libraire Nyon, par son ancien Ministre, l'Histoire de la Maison des Stuards, par David Hume, pour y voir le procès et la mort de Charles premier. Après sa lecture, le Prince la rendit au Sage ; et cet exemplaire, devenu si précieux par un pareil usage, est resté, jusqu'à l'invasion des Vandales révolutionnaires, dans la bibliothèque du château de Malesherbes.

Les visites que Malesherbes faisait au Roi, dans la matinée, ne tardèrent pas à paraître suspectes aux officiers municipaux de la Commune. L'un d'eux lui fit entendre un jour, que des patriotes pourraient l'accuser de porter du poison ou des armes à l'infortuné. — *Non*, dit l'illustre vieillard , avec un calme apparent, que l'indignation profonde

de son cœur démentait, *si Louis XVI était*
*de la religion des prétendus philosophes, il*
*pourrait se détruire ; mais il est de celle*
*de Fénélon , et son culte lui ordonne de*
*vivre.*

Le 25 décembre, Louis fit son Testament,
et y consacra l'expression de sa sensibilité
pour le beau dévouement de Malesherbes.

Le 17 janvier amena dans le Temple une
scène pathétique : le Roi venait d'être condamné à mort, et Malesherbes venait lui
apprendre ce dernier délit du Gouvernement;
arrivé à la porte du cabinet de Louis XVI,
ce Prince se lève, à son ordinaire, pour le
recevoir ; mais l'auguste vieillard se précipite
à ses pieds, étouffé par ses sanglots. Louis,
dans cette douleur silencieuse, mais élo-
quente, lit sa sentence, relève, avec une
sérénité touchante, l'illustre vieillard ; et,
s'oubliant lui-même, ne parle que pour le
consoler. Les deux amis, ( ils l'étaient alors
dans toute la force du terme, étant égaux
par le malheur, ) les deux amis, dis-je, res-

tèrent enfermés une heure dans la tourelle
qui servait de cabinet; leurs yeux à tous les
deux, quand ils sortirent, étaient humides
de larmes; ils semblaient pressentir qu'ils ne
se reverraient plus que dans le séjour de l'im=
mortalité.

Dès les premiers jours de son entrée au
Temple, l'illustre défenseur de son Souverain, instruit qu'il manquait dans sa prison
des choses les plus nécessaires, lui avait ap-
porté, en trois rouleaux, cent vingt-cinq
louis; le Roi les accepta, pour ne point blesser
ce grand homme : mais accoutumé, depuis
long-tems, à se faire, de ses privations mêmes,
une sorte de jouissance, il ne toucha point à
ce dépôt sacré, et le plaça dans un tiroir de
son secrétaire, en écrivant de sa main, sur
chaque rouleau : *Cet argent appartient à
M. de Malesherbes.* La veille de sa mort,
ce Prince chargea un officier municipal de
remettre les rouleaux à l'auguste vieillard;
celui-ci le promit : mais il les porta au Conseil
de la Commune, qui les garda, sans doute

en vertu de la loi des tyrans, que l'oppresseur doit toujours hériter de sa victime.

Cette histoire de ce qui se passa au Temple
entre Louis XVI et son illustre défenseur
s'imprimait, lorsqu'on me fit passer, de
Londres, un papier public, qui renfermait,
sur le même sujet, quelques anecdotes tirées
d'un *Ouvrage posthume* de Malesherbes ; ne
connaissant point cet écrit, ses amis, les plus
intimes étant, à cet égard, dans une ignorance absolue, et ne pouvant ainsi prononcer
sur son authenticité, je prends le parti de
transcrire le papier anglais : l'intérêt qu'il
inspire est assez grand, pour qu'en cas de
fiction, si l'homme de goût la rejette, l'homme
sensible la pardonne.

« Dès que jeus la permission d'entrer dans
« la prison du Roi, (c'est Malesherbes qui
« parle) j'y courus : à peine m'eut-il apperçu
« qu'il quitta un Tacite, ouvert devant lui
« sur une petite table ; il me serra entre ses
« bras : ses yeux devinrent humides, les
« miens se remplirent de larmes, et il me

dit : « *Votre sacrifice est d'autant plus géné-*
« *reux, que vous avez exposé votre vie, et*
« *que vous ne sauverez pas la mienne.* Je lui
« représentai qu'il ne pouvait y avoir de dan-
« ger pour moi, et qu'il serait trop facile de
« le défendre victorieusement lui-même, pour
« que sa vie fût en danger : *Non, non,* reprit-
« il, *ils me feront périr, j'en suis sûr; ils*
« *en ont le pouvoir et la volonté : n'importe,*
« *occupons-nous de mon procès, comme si*
« *je pouvais le gagner, et je le gagnerai en*
« *effet, puisque la mémoire que je laisserai*
« *sera sans tache.*

« Louis XVI travaillait avec nous, chaque
« jour, à l'analyse de ses pièces, à l'exposi-
« tion de ses moyens, à la réfutation des
« griefs, avec une présence d'esprit et une ac-
« tivité, que ses deux défenseurs admiraient
« ainsi que moi; ils en profitaient pour prendre
« des notes, et éclairer leur travail. Tronchet,
« qui par caractère est froid, et l'était encore
« plus par prévention, fut touché de la candeur
« et de l'innocence de son client, termina

« avec affection le ministère qu'il avait com-
« mencé avec sévérité.

« Ses conseils et moi, nous nous crûmes
« fondés à espérer sa déportation : nous lui
« fîmes part de cette idée : nous l'appuyâmes,
« elle sembla adoucir ses peines, il s'en occupa
« même pendant plusieurs jours ; mais la lec-
« ture des papiers publics la lui enleva, et il
« nous prouva qu'il fallait y renoncer.

« Quand Desèze eut fini son plaidoyer, il
« nous le lut, je n'ai rien entendu de plus
« pathétique que sa péroraison : Tronchet et
« moi, nous fûmes touchés jusqu'aux larmes :
« le roi dit : *Il faut la supprimer, je ne veux*
« *pas les attendrir.*

« Une fois que nous étions seuls, ce prince
« me dit : J'ai une grande peine, Desèze et Tron-
« chet ne me doivent rien ; ils me donnent
« leur tems, leur travail, peut-être leur vie :
« comment reconnaître un tel service ? Je
« n'ai plus rien ; et quand je leur ferais un legs,
« on ne l'acquitterait pas. — Sire, leur cons-
« cience, l'Europe, la postérité se chargera

« de leur récompense : vous pouvez déjà leur
« en accorder une qui les comblera. — La-
« quelle? — Daignez les embrasser.

« Le lendemain en effet, Louis pressa con-
« tre son sein Tronchet et Desèze, et tous
« deux fondirent en larmes.

« Cependant nous approchions du jour du
« jugement; le roi me dit au matin : Ma sœur
« m'a indiqué un bon prêtre, qui n'a point
« prêté son serment, et que son obscurité pourra
« soustraire dans la suite à la persécution : voici
« son adresse, je vous prie d'aller chez lui et
« de le préparer à venir ici, lorsqu'on m'aura
« accordé la permission de le voir : voilà
« sans doute une commission bien étrange
« pour un philosophe, car je sais que vous
« l'êtes : mais si vous deviez souffrir autant
« que moi, et que vous dussiez mourir comme
« moi, je vous souhaiterais les mêmes sen-
« timens de religion, qui vous consoleraient
« bien plus que la philosophie.

« Après la séance où ses défenseurs et
« lui avaient été entendus à la barre, il

« me dit : Vous êtes certainement bien con-
« vaincu actuellement, que, dès le premier
« instant, je ne m'étais pas trompé, et que
« ma condamnation avait été prononcée avant
« que j'eusse été entendu.

« Lorsque je revins de la Convention où
« nous avions été demander l'appel au peuple,
« je lui rapportai, qu'en sortant, j'avais été
« entouré d'un grand nombre de personnes,
« qui toutes m'avaient assuré qu'il ne périrait
« pas, ou au moins que ce serait après eux et
« leurs amis, il changea de couleur, et me
« dit : Les connaissez-vous ? retournez à l'as-
« semblée, tâchez de les rejoindre, d'en décou-
« vrir du moins quelques-uns ; déclarez-leur
« que je ne leur pardonnerais pas, s'il y avait
« une seule goutte de sang de versé pour moi :
« je n'ai pas voulu qu'il en fût répandu, quand
« peut-être il aurait pu me conserver le trône
« et la vie, et je ne m'en repens pas.

« Ce fut moi qui lui annonçai le premier
« le décret de mort ; il était dans l'obscurité,
« le dos tourné à une lampe placée sur la

« cheminée ; les coudes appuyés sur la table,
« le visage couvert de ses mains ; le bruit que
« je fis le tira de sa méditation ; il me fixa,
« se leva, et me dit : Depuis deux heures je
« suis occupé à rechercher si dans le cours
« de mon règne, j'ai pu mériter de mes sujets
« le plus léger reproche : hé bien, monsieur
« de Malesherbes, je vous le jure dans toute
« la vérité de mon cœur, comme un homme
« qui va paraître devant Dieu, j'ai constam-
« ment voulu le bonheur du peuple, et jamais
« je n'ai formé un vœu qui lui fût contraire.

« Je revis encore une fois cet infortuné
« Monarque, deux officiers municipaux étaient
« debout à ses côtés, il lisait ; l'un des mu-
« nicipaux me dit : Causez avec lui, nous
« n'écouterons pas ; alors j'assurai le roi, que
« le prêtre qu'il avait désiré allait venir. Il
« m'embrassa et me dit : La mort ne m'effraie
« plus, j'ai la plus haute confiance dans la
« bonté de Dieu. »

Dans l'intervalle du dernier interrogatoire
du roi et de son jugement, Malesherbes re-

çut une sorte de témoignage public, de l'enthousiasme momentané qu'avaient excité dans
Paris son courage et sa vertu ; une multitude de femmes du peuple se rendit dans
son hôtel de la rue des Martyrs, pour lui
déférer une couronne civique : *Vous me ré-*
*pondez*, dit-il, *de la vie de celui qui fut*
*votre maître : eh ! pourquoi l'avez-vous laissé*
*détrôner ?*

Quand le Sage vit qu'il n'était donné à
aucune puissance de dérober Louis XVI à sa
fatale destinée, il cessa de résister au torrent
qui entraînait et la France et l'Europe : et
disant un adieu éternel à la capitale, il alla,
le désespoir dans le cœur, achever de mourir
dans Malesherbes.

La vue journalière des heureux qu'il faisait dans sa terre ranima encore quelquefois
dans son ame éteinte les derniers restes de
sa sensibilité : lorsque les ennemis de tout
bien oubliaient de calomnier sa bienfaisance,
*quel tems*, disait-il à sa fille, en la pressant
sur son sein, *où l'honnête homme se trouve*

*encore heureux de faire le bien impuné-*
*ment !*

Cependant l'horizon politique de la France
se rembrunissait de plus en plus ; la Toute-
Puissance, comme il arrive toujours, quand
elle n'est ni bienfaisante, ni légitime, se tourmentait des résultats mêmes de la terreur
qu'elle faisait naître : elle tentait par de nouveaux crimes de voiler ceux qu'elle avait com-
mis ; il n'existait plus aucun homme de bien
sur toute la surface de la république, qui
pût, à l'exemple des héros de la Grèce antique,
dire : j'ai servi mon pays ; quand la nature
viendra me dire de cesser d'être, mes enfans,
rassemblés autour de mon lit de mort, vien-
dront me fermer les yeux.

Malesherbes, comme nous l'avons vu, au
moment où il se croyait oublié de toute la
terre, excepté de sa famille et des infortunés
dont il était le bienfaiteur, se vit arrêté dans
sa terre par l'ordre du comité révolutionnaire d'une section de Bondy, dont la juri-
diction s'étendait sans doute jusqu'à la forêt

de Fontainebleau ; sa première pensée , dans ce moment terrible, où l'égoïsme même cesserait d'être un délit , fut d'empêcher ses amis de se compromettre pour sa délivrance ; il envoya son homme de confiance à Paris , chez tous les êtres vertueux à qui il était cher , pour les prier avec instance , en son nom, de l'oublier.C'est à cette époque, qu'obsédé de l'image d'un sinistre avenir , obéissant à une fatalité aveugle qui l'entraînait, bien plus qu'à son cœur, l'infortuné Abeille brûla une correspondance de quarante ans, qu'il avait eue avec Malesherbes.

Il paraît que le gendre de ce grand homme, le président de Rosambo, accéléra , sans s'en douter, sa mort : l'anecdote est digne du règne de Tibère , et je la rapporte sur la foi de l'infortuné Rosambo lui - même, qui me la raconta , avec une sorte de sérénité que j'étais loin de partager, dans notre captivité commune à Sainte-Pélagie.

La dernière année où il fut permis au Parlement de Paris de tenir ses séances, il

y avait eu une Chambre de Vacations per-
manente, destinée à prolonger le cours de
la justice, jusqu'à l'avènement d'un nouvel
ordre de magistrature ; cette Chambre était
présidée par le vertueux Rosambo. Avant de
se séparer, elle arrêta unanimement de faire
une Protestation contre les nouvelles lois per-
turbatrices, qui avaient anéanti, en quelques
mois, un trône où soixante-trois Rois avaient
été assis. Cependant, comme un pareil écrit,
dans des tems aussi orageux, pouvait être
une pomme de discorde entre deux partis,
qui avaient juré de ne pas s'entendre, les
membres de la Chambre voulurent que cet
acte de vigueur fût tenu secret, jusqu'à ce
que les dépositaires de l'antique Constitution
pussent, sans péril, parler son langage : alors
la Protestation, signée de tous les magistrats,
fut remise au président de Rosambo, avec
prière de n'en faire aucun usage indiscret,
et la Chambre se sépara.

A mesure que les nuages de la Démagogie
s'épaissirent sur le sol français, le gendre de

Malesherbes sentit la nécessité de dérober à tous les regards le monument original de son honorable résistance à la tyrannie populaire, qui commençait à peser sur toutes les têtes : il mit dans sa confidence un vieux serviteur de trente ans, qu'il croyait inaccessible à toute espèce de corruption, et lui ordonna de faire fabriquer par un fondeur une clef de tuyau pour une garde-robe à l'anglaise, dont l'intérieur serait creusé pour recevoir le dangereux parchemin ; l'agent subalterne obéit, Rosambo plaça lui-même, avec son secours, la Protestation dans la clef, qui se fermait à l'aide d'un secret ; et, tranquille sur l'événement, il alla se renfermer, avec sa famille, dans la solitude de Malesherbes.

Ici je me permis d'interrompre le vertueux Rosambo : Comment, lui dis-je, après avoir pris tant de précautions, contre une démocratie ombrageuse, ne vous vint-il pas aussi dans l'idée d'en prendre contre l'agent, qui pouvait devenir votre dénonciateur, après avoir été votre complice ? Il me semble qu'à

votre place, après avoir enfermé la Protestation dans la clef du tuyau, j'aurais commandé moi-même, à une autre extrémité de
Paris, une clef pareille, mais vide, que j'aurais substituée à la première, afin de constater, en cas de dénonciation, la perfidie de
mon agent : il ne faut jamais de tiers entre
l'homme de bien et sa conscience, quand il
s'agit du salut de son pays.

Rosambo me dit que, quand on était réduit à se défier d'un serviteur de trente ans,
il fallait aussi se défier de soi-même ; et une
larme, échappée de son cœur, vint couler
dans le mien, qui s'empressa de la recueillir.

Mon pressentiment s'était trouvé juste :
les patriotes des Comités révolutionnaires
avaient trouvé le moyen de circonvenir l'a-
gent de Rosambo : ils lui avaient fait entendre qu'il hériterait, peut-être quelque jour,
du président à mortier, s'il éclairait son pays
sur la conspiration générale de la magistrature contre la République ; et le vieux serviteur de trente ans fit divorce avec son cœur,

pour en prendre un autre des mains d'hommes pervers, qui n'en eurent jamais.

Le secret ainsi éventé, on vint arrêter l'infortuné Rosambo dans Malesherbes ; on le conduisit à son hôtel; et là, sans s'amuser à voiler, par de fausses recherches, une dénonciation aussi odieuse, on entra avec lui dans le cabinet désigné, on s'empara de la clef du tuyau, on fit jouer le ressort, et on en tira la Protestation fatale, qu'on porta en triomphe à la Commune conspiratrice, qui, dans la suite, expia elle-même ses longs attentats sur l'échafaud.

J'ai déjà observé que ce fut le lendemain de l'arrestation de Rosambo, que l'illustre Malesherbes, soupçonné sans doute d'avoir connivé à la Protestation de son gendre, fut saisi à son tour, et traîné à Paris dans une de ses Bastilles républicaines. Il est évident que, si l'Acte fatal n'avait pas été trouvé dans l'intervalle, on aurait arrêté ensemble le gendre et le beau-père, ou plutôt que tous les deux auraient été oubliés.

Cependant Rosambo n'avait point rejeté l'espérance de son cœur ; ce digne magistrat, tant de fois l'organe de la justice, croyait qu'elle existait encore dans la Chambre Ardente, qui avait remplacé la Chambre Criminelle du Parlement : il ne pouvait se persuader qu'on lui fît un délit, se trouvant l'organe des dépositaires des anciennes lois, d'avoir réclamé contre leur subversion, et sur-tout de l'avoir fait avec une espèce de mystère religieux, pour ne point opérer de déchirement dans l'Empire. L'infortuné s'endormit quelque tems sur de pareilles illusions ; mais il fut réveillé par un coup de tonnerre.

J'avais appris, par les correspondances secrètes, que l'or, distribué avec intelligence, me permettait d'entretenir hors de l'enceinte de ma prison, qu'on allait faire une Saint-Barthélemi de tous les membres de l'ancien Parlement qui avaient signé la Protestation. Je montai dans sa cellule, pour le prévenir, mais avec discrétion, de son danger. Déjà

les gendarmes révolutionnaires y étaient ;
déjà, contre l'usage établi, on s'apprêtait à
garrotter ses mains, opprobre auquel le sensible concierge le déroba, en répondant de
lui sur sa tête : l'infortuné ne put que me
serrer la main, à la dérobée, en me disant :
*Mon ami , nous nous reverrons cet été à*
*Malesherbes ;* mot terrible , qui retourna
bien douloureusement le poignard dans mon
cœur : car je savais qu'il était condamné
d'avance, et que déjà, pour lui, il n'existait plus de Malesherbes.

Ce fut le 20 avril 1794 que le vertueux
Rosambo céda à sa fatale destinée ; il eut
pour compagnons d'infortune cinq conseillers au Parlement de Toulouse : Hocquart,
le premier président de la Cour des Aides de
Paris, et les quinze présidens à mortier, ou
simples conseillers de Grand'Chambre , qui
avaient signé avec lui l'honorable Arrêté de
la Chambre des Vacations : la plupart de
ces martyrs de la patrie étaient des septua-
génaires ; et on observa que sept d'entre eux

composaient ensemble près de cinq siècles.
De pareils massacres juridiques n'avaient jamais été imaginés en Europe, depuis le fameux procès des Templiers, qui amena la
proscription de cet ordre de chevalerie.

Le soir même, on cria cette sentence du
Tribunal Révolutionnaire, le long des cor-
ridors de la prison de Port-Libre : c'est alors
que Malesherbes apprit qu'il n'avait plus de
gendre, et sa fille, que la hache du bourreau
lui avait enlevé son époux.

Malesherbes ne s'occupa, pendant trente
heures que ses ennemis lui laissèrent, pour se
repaître lentement du spectacle de sa propre
mort, qu'à consoler sa famille, et à lui donner des espérances, que lui-même n'avait
pas. Enfin les satellites des tyrans populaires
se présentèrent, et on conduisit le Sage, avec
sa fille et ses petits-enfans, à la Conciergerie.

A peine arrivé dans l'enceinte sinistre de
cette prison, on lui présenta son acte d'accusation : les hommes vils, qui s'étaient chargés
de ce ministère, cherchèrent, pendant que

le Sage le parcourait, à lire dans ses yeux, à épier son ame, pour découvrir son indignation impuissante, et s'en faire un jeu féroce. Malesherbes les déconcerta par sa constante sérénité. *On aurait pu*, dit-il, *en rédigeant cet acte, y mettre un peu plus de vraisemblance ;* et de ce moment il oublia aussi parfaitement le papier de Fouquet - Tinville, qu'Archimède, menacé de la mort, pendant qu'il résolvait un problême, oublia le Siége de Syracuse.

Cet acte d'accusation , ainsi que la sentence atrocement absurde qui intervint, lui était commun avec une foule de prétendus conspirateurs , qui , n'ayant de point de contact avec lui que par leurs lumières et leurs vertus , partagèrent cependant les qualifications, dont le Tribunal Révolutionnaire l'honora, ainsi que son supplice :

C'était un chevalier du Saint - Empire , grand bailli de Landau , et syndic de sa noblesse ;

Trois membres de l'Assemblée Consti-

tuante, ar . . . posé d'opinions, que Mirabeau et l'al·bé Maury ;

Une vicom:·esse de Ponville, une duchesse
de Grammont et une duchesse du Châtelet;

Sur tout une Princesse Lubormiska, âgée
de vingt-trois ans, qui était venue, du fond
de la Pologne, demander un asile à une Nation généreuse, et qui ne s'attendait pas à
y trouver un échafaud.

On pourra juger du délire de l'accusation,
par celui de l'arrêt qui condamna en masse
tant de victimes :

« Tous les individus ci-dessus nommés,
« convaincus d'être auteurs ou complices des
« complots qui ont existé, depuis 1789, contre
« la liberté, la sûreté et la souveraineté du
« Peuple, par suite desquels le Tyran, ses
« agens, complices et tous les ennemis du
« Peuple, ont tenté, par l'abus d'autorité,
« par la corruption, par la guerre extérieure
« et intérieure, par les trahisons, les violen-
« ces, les assassinats, les secours fournis, en
« hommes et en argent, aux ennemis du de-

« hors et du dedans, par des correspondances
« criminélles et des intelligences entretenues
« avec eux, et par tous les moyens possibles,
« de dissoudre la Représentation Nationale,
« de rétablir le déspotisme et tout autre pou-
« voir attentatoire à la souveraineté du Peu-
« ple, ont été condamnés à la peine de
« mort. »

Juges nés, en qualité d'historiens, de
toutes les justices humaines, mettons un moment dans nos balances cette séntence inso-
lente, avec laquelle on a tenté de flétrir le
grand nom de Malesherbes.

*Malesherbes est atteint et convaincu
d'être auteur ou complice des complots qui
ont existé, depuis 1789, contre la liberté!*

On peut juger de la justesse de cette asser-
tion, par la vie entière de ce grand homme;
il se montra en tout tems l'apôtre le plus
zélé de la liberté de la presse; il se confé-
déra avec Turgot contre les esclaves de la
Cour, qui empêchaient Louis XVI de la
régénérer; il neutralisa le poison des Lettres

de cachet, et prépara le renversement de la Bastille.

Sa doctrine, en ce genre, semble exposée dans une de ses vigoureuses Remontrances, où, après avoir tonné contre le despotisme ministériel : « Voilà, ajoute-t-il, par quels « moyens on a travaillé à étouffer en France « tout esprit de liberté, à éteindre, si on le « pouvait, jusqu'au sentiment de citoyen ; « on a, pour ainsi dire, interdit la Nation « entière, et on lui a donné des tuteurs. ... « Le moyen le plus simple et le plus naturel « ( pour remédier à tant de maux ) serait « d'entendre la Nation assemblée. »

Voilà l'ennemi de la liberté, suivant Fouquet-Tinville ; il y aurait une pareille force de logique à donner l'âme des esclaves aux deux Brutus, à Caton d'Utique et à Timoléon.

Quant aux *complots tramés contre la liberté française, depuis 1789 jusqu'en 1794,* tout le monde sait qu'à l'exception du petit voyage que Malesherbes fit à Paris pour défendre son Maître, il resta les cinq dernières années de sa vie dans sa terre, sans prendre la plus légère part aux affaires publiques, cultivant ses melèzes bien plus que ses amis, et tâchant d'oublier les hommes, pour être plus à son aise en présence de la nature.

*C'est par suite de ces complots, que le Tyran* (On ne se doute pas que, sous ce nom, l'accusateur public entende Louis XVI; c'est une découverte dont il faut instruire les siècles et l'histoire. ) *et ses complices* ( Il est vrai que Malesherbes fut complice de l'amour raisonné des peuples, de la douce philantropie, et peut-être de la faiblesse vertueuse de Louis XVI. ) *ont tenté, par l'abus d'autorité,* ( Il est vrai encore qu'en 1775 et 1776, les Terray et les Lavrillière trouvèrent que le Sage avait abusé de son autorité, en ouvrant la porte des Bastilles, et en rendant inutiles les Lettres de cachet. ) *par la corruption,* ( Malesherbes, l'Aristide de nos tems modernes, convaincu de s'être laissé corrompre ! ) *par la guerre extérieure et*

*intérieure*, ( A la guerre de défense près, il
enveloppait toutes les autres dans sa proscription · philosophique. ) *par les trahisons,*
*les violences et les assassinats,* (Malesherbes
homme violent, traître et assassin ! il y a
des mots qui se repoussent tellement dans la
grammaire de l'homme de bien, que, vouloir
les associer, c'est ne prouver autre chose que
l'éclipse totale de sa raison. ) *ont tenté, dis-je,*
*de dissoudre la Représentation Nationale,*
( Nous venons de voir qu'il l'avait demandée,
près de vingt ans auparavant, à Louis XVI.)
*de rétablir le despotisme, et tout autre pou-*
*voir attentatoire à la souveraineté du Peuple.*
( Siècles futurs, voyez quel est le personnage
qui accuse et celui qui dédaigne de se défendre ; l'un se nomme Fouquet-Tinville,
l'autre Malesherbes : le procès est jugé.)

     La Sentence, après ce long dénombrement
de délits absurdes et impossibles, prononce la
peine de mort.

     La *peine de mort,* contre un Sage, dont
la vie entière a déposé en faveur de sa tolé-

rance et de sa philantropie ; qui regardait·
la France comme une famille patriarchale,
dont le Souverain était le père ; qui voulait
retrancher de son code criminel cette même
peine de mort ! Hommes de sang du Tribunal Révolutionnaire, et vous avez survécu à
une pareille Sentence ! et l'indignation publique, comme la tête sanglante de Méduse,
ne vous a pas pétrifiés ! et, fiers long-tems
de votre opprobre. . . . . . . Mais je m'arrête :
les imprécations de la Camille des *Horaces*
sembleraient trop déplacées, dans la vie d'un
sage-pratique tel que Malesherbes,

F I N.

# TABLE
## DES MATIÈRES.

FIN DE LA TABLE.